BEST SELLER

Laura Vanderkam es autora de los bestsellers *168 Hours, I Know How She Does It* y *Qué hace la gente exitosa antes del desayuno.* Su TED Talk de 2016, "How to Gain Control of Your Free Time", tiene más de 5 millones de reproducciones. Su trabajo ha aparecido en *The Wall Street Journal*, *The New York Times*, *Fortune* y otras publicaciones. Vive con su esposo y sus cuatro hijos en las afueras de Filadelfia.

www.lauravanderkam.com

LAURA VANDERKAM

Qué hace la gente exitosa antes del desayuno

Traducción de
Alejandra Ramos

DEBOLS!LLO

El papel utilizado para la impresión de este libro ha sido fabricado a partir de madera procedente de bosques y plantaciones gestionadas con los más altos estándares ambientales, garantizando una explotación de los recursos sostenible con el medio ambiente y beneficiosa para las personas.

Penguin Random House Grupo Editorial

Qué hace la gente exitosa antes del desayuno

Título original: *What the Most Successful People do Before Breakfast*

Publicado en inglés por Penguin Group, Nueva York

Primera edición en Debolsillo: septiembre, 2019
Primera reimpresión: julio, 2023

ISBN: 978-607-318-397-0

Impreso en México – *Printed in Mexico*

ÍNDICE

INTRODUCCIÓN

Aunque lo que acabas de tomar en tus manos es un libro físico, *Qué hace la gente exitosa antes del desayuno* nació en el mundo digital.

168 horas, mi primer libro sobre administración del tiempo, se publicó en mayo de 2010; poco después, comencé a bloguear acerca de temas similares, unas cuantas veces a la semana para BNET (entidad que más adelante se incorporó a *MoneyWatch* de CBS). En BNET todos los días recibía los reportes del tráfico de los lectores del día anterior, y esa información se volvió adictiva e inspiradora. Al estudiar los datos comencé a identificar los temas y títulos que más le interesaban a la gente, y también pude ver cuáles publicaciones en realidad no les importaban a muchos.

Un día, en mayo de 2011, de pronto me encontré escribiendo acerca de uno de mis consejos preferidos sobre administración del tiempo: cómo aprovechar las mañanas. A lo largo de los años noté que la gente que lleva a cabo muchas tareas solía usar mejor esas horas matinales que el resto de nosotros nada más dejamos pasar. Mientras algunos sólo oprimimos ese botón del despertador que nos permite echarnos otro sueñito, otras personas ya están entrenando para medios maratones; y mientras algunos de nosotros batallamos para que nuestros hijos se vistan y lleguen a la puerta, otros ya están disfrutando de divertidos desayunos familiares y organizando a sus pequeños para asistir a clubes literarios matutinos. Por eso comencé a escribir sobre actividades que se podían realizar en las primeras horas de la mañana: justo antes de que tu vida tuviera la oportunidad de escaparse. Luego me quedé sentada, pensando en un título adecuado. Se me ocurrió que podría intitular mi comentario, "Aprovecha tus mañanas", pero en el último momento, con todos esos reportes del tráfico de lectores que me daban vuelta en la cabeza, decidí cambiar a "Qué hace la gente exitosa antes del desayuno".

Resultó ser un buen paso. Había algo en el título que, sencillamente, atraía a los lectores. Porque todos queremos ser exitosos, pero modificar la forma en que utilizamos las 168 horas que tenemos a la semana parece una labor monumental. ¿Cambiar lo que hacemos antes del desayuno? Bueno, eso sí suena posible. Mis reportes se incrementaron en muy poco tiempo y un día muy memorable alcanzaron los seis dígitos porque la gente estaba compartiendo el vínculo en internet.

Una semana después, o poco más, el tráfico de lectores volvió a la normalidad, pero cada vez que incluía ese título en las listas de vínculos, los reportes repuntaban. Entonces me di cuenta de que me había topado con una idea que de verdad le interesaba a la gente, pero, ¿qué era lo que debía hacer con esa información?

Ese otoño fui a una fiesta editorial para otro de los autores de Portfolio en Nueva York; ahí conversé con Brooke Carey, mi editor, quien me había dicho que Penguin quería experimentar un poco más con el mercado de los libros electrónicos. Los lectores electrónicos y las tabletas estaban cambiando el ámbito de la edición, y todos tratábamos de imaginar cómo funcionaría a partir de entonces. Los libros electrónicos ya podrían ser de cualquier longitud, y la cifra básica —de aproximadamente entre diez mil y quince mil palabras, lo más sencillo de leer en un trayecto del metro— me parecía perfecta para darles forma a mis ideas sobre cómo construir mejores mañanas. Sugerí que *Qué hace la gente exitosa antes del desayuno* se publicara en el formato que en aquel entonces Penguin denominaba, "e-special". En tan sólo unas semanas decidimos hacerlo. El libro electrónico salió en junio de 2012 y el título volvió a hacer un poco de magia. La versión en audio que grabé llegó al número uno de audiolibros en iTunes, y superó por algún tiempo a *Cincuenta sombras de Grey*; entonces decidimos extender el concepto para crear una serie de libros electrónicos en los que se exploraría lo que la gente exitosa hacía durante la semana y los fines de semana también.

Este libro impreso es una recopilación de esos libros electrónicos para la gente a la que todavía le agrada acurrucarse con un objeto que tiene portada y lomo. Lo que aprendí al experimentar con los libros electrónicos breves es que las personas quieren opciones. A veces deseamos imbuirnos en un tema —cosa que podemos hacer bien con un libro completo como éste—, pero en otras ocasiones necesitamos un estallido inesperado de motivación que nos ayude en esa difícil tarea de realizar cambios personales. El libro electrónico puede hacer eso, y si a ti te es posible leerlo antes del desayuno, ¡mucho mejor! En una época en que la tecnología personaliza todo lo que toca,

¿por qué no interactuar con los contenidos de la forma que más te agrade? Para mejorar todavía más la propuesta para la versión impresa (que, como buen ratón de biblioteca que soy, debo confesar, prefiero), también incluí una sección adicional en la que se presentan las renovaciones de horarios que realizaron algunas personas que me escribieron después de leer los libros anteriores. Estos lectores querían cambiar la manera en que ocupaban sus primeras horas del día para aprovechar más sus mañanas y sus vidas. ¿Qué descubrieron? Que implementar nuevos hábitos siempre es difícil. No obstante, después de varias semanas todos estos lectores tan ocupados aplicaron cambios que pudieron sobrellevar en sus rutinas.

Debo confesar que me divertí mucho al escribir estos tres libritos porque entrevisté a gente fascinante: directores ejecutivos, un candidato presidencial, una ilustradora de libros infantiles con récords de ventas, una piloto de autos de carreras, etcétera. También encontré investigaciones fascinantes sobre el uso del tiempo y, a pesar de que llevo varios años escribiendo sobre la administración de éste, descubrí muchas ideas nuevas que ya puse en práctica en mi propia vida. Sin duda, los fines de semana de mi familia han mejorado desde que comenzamos a planearlos mejor. La noche del domingo es mi nuevo espacio favorito para hacer fiestas, y aunque no podría decir que ahora soy una persona más matinal, sí trato de irme a dormir a buena hora. Asimismo, con la ayuda de mi socio de contabilidad, estoy logrando avances en algunos proyectos que, de otra manera, estaría muy tentada a hacer a un lado.

Espero que tú también encuentres inspiración en este libro para realizar esas pequeñas modificaciones que se transformarán en grandes cambios. Estoy firmemente convencida de que podemos construir las vidas que deseamos con el tiempo que tenemos. Incluso invertir unos cuantos minutos en planeación estratégica antes de que despierte el resto del mundo, puede hacer que el día nos parezca mucho más prometedor: que sea una aventura por venir, y no sólo un esfuerzo en vano.

QUÉ HACE LA GENTE EXITOSA

ANTES DEL DESAYUNO

LA LOCURA DE LAS MAÑANAS

En muchos hogares las mañanas son un momento enloquecedor. Como en el mío, por ejemplo. En las mañanas soy responsable de alimentar a mis hijos, vestirlos y meterlos al auto antes de las 8:45 a.m., puedo despertar antes de las 7:00, pero si no tengo cuidado, comenzaré a sentir que mucho del tiempo disponible se me va dando vueltas. Tengo la mirada fija en el reloj; alineo las botas y los abrigos para prevenir desastres de último minuto. A pesar de ello, siempre es posible que uno de los niños se me enfrente por alguna tiranía, como forzarlo a ponerse calcetines, y entonces, de manera inevitable, terminamos haciendo todo con prisa. Aproximadamente a las 9:15, después de dejarlos en dos escuelas diferentes, por lo general vuelvo a mi escritorio y, en lugar de iniciar mi día de trabajo, me siento tentada a servirme una taza de café y navegar sin rumbo por internet.

Debido a que he pasado los últimos años analizando la forma en que la gente ocupa su tiempo, sé que tal tipo de organización —la de pasar dos o más horas todos los días preparándose para enfrentar lo que viene— es de lo más común. Las revistas están repletas de artículos sobre cómo mitigar el caos matutino. Según la Encuesta 2011 del Sueño en Estados Unidos, realizada por la Fundación Nacional del Sueño, la persona promedio de entre 30 y 45 años asegura que, en una típica mañana de entresemana, se levanta a las 5:59. La gente de entre 46 y 64 años lo hace a las 5:57. No obstante, mucha gente no empieza a trabajar sino hasta las 8:00 o las 9:00 a.m., y al decir "empieza a trabajar", en realidad me refiero a "llega a su lugar de trabajo". Cuando la gente está agotada de lidiar con niños pequeños, enfrentar el tráfico, o incluso, permanecer formado en una fila durante veinte minutos en un Starbucks, resulta muy natural que ese primer momento de paz en la oficina se considere, de forma inconsciente, como un tiempo para uno mismo. Leemos los correos electrónicos personales, revisamos Facebook y le echamos un vistazo a los encabezados de asuntos que no tienen nada que ver con nuestro trabajo, hasta que una reunión o llamada nos fuerza a detenernos.

Si haces cuentas, puedes pasar entre tres y cuatro horas al día en actividades superfluas o gritándole a un niño arrogante que se tiene que subir al auto *ahora* porque, si no, *te irás sin él,* en lugar de enfocarte en tus tareas esenciales. Éstas son tus actividades de mayor importancia: promover tu carrera, apoyar a tu familia más allá del cuidado personal básico, y hacer algo por ti mismo. En esta última categoría incluyo actividades como hacer ejercicio, practicar un pasatiempo, meditar, orar y cosas similares. La locura de las mañanas es la principal razón por la que la mayoría cree que no tiene tiempo, pero, de hecho, sí tenemos, sólo que se consume en una demencia y vertiginosidad que culmina en muy pocos logros, además de alcanzar a salir de casa.

Las mañanas, sin embargo, no tienen por qué ser así. Al analizar mis propias mañanas, aun en los días más alocados, he logrado ver de qué manera puedo mejorarlas. En realidad pueden ser tiempo productivo, incluso gozoso; tiempo para los hábitos que nos ayudan a ser mejores personas. En efecto, aprender a aprovechar las mañanas es algo que, en nuestro distraído mundo, puede marcar la diferencia entre el logro y el caos. Antes de que el resto esté desayunando, la gente más exitosa ya se anotó victorias cotidianas que le ayudan a acercarse a la vida que quiere tener.

Ésta es, al menos, la conclusión a la que llegué después de estudiar los registros, perfiles y artículos en que la gente con más logros habla acerca de sus horarios. El otro día, por la mañana, al leer detenidamente el periódico *The Wall Street Journal* acompañada de una taza de café, me enteré de que, mientras yo seguía durmiendo, el reverendo Al Sharpton ya había hecho su rutina de ejercicios. "Tiene un gimnasio en el edificio de departamentos de la zona del lado Oeste, en donde, por lo general, él es el único que hace ejercicio a esa hora, como a las 6:00 a.m.", se explicaba en el diario. El reverendo hace un calentamiento de diez minutos en bicicleta fija y media hora de trote en una caminadora. Luego pasa a la pelota de estabilidad y las abdominales. "Los días que no puede hacer sus ejercicios matutinos en casa, va al gimnasio de los Estudios de NBC. Como viaja a dos o tres ciudades distintas por semana, nos dice que siempre le pide a su personal que llame antes al hotel para asegurarse de que haya un gimnasio". El reverendo se ejercita a muy tempranas horas de la mañana, y por eso no se preocupa mucho por su apariencia en ese momento. "Por lo general me pongo un traje deportivo viejo y tenis Nike", comentó al periódico *WSJ*. "Es tan temprano que nadie me ve." Esta rutina, sin embargo, en conjunto con algunos cambios de dieta, ha servido para que el reverendo luzca bastante joven y atractivo; en los últimos años ha bajado más de cuarenta y cinco kilos.

James Citrin, codirector de North American Board and CEO Practice de la firma de reclutadores Spencer Stuart, normalmente también comienza a ejercitarse a las 6:00 a.m. James aprovecha el silencio de las primeras horas de la mañana para reflexionar sobre sus prioridades para cada día. En una ocasión, hace algunos años, decidió preguntarles a varios ejecutivos que admiraba acerca de sus rutinas matinales para escribir un artículo para Yahoo! Finanzas. Los dieciocho (de veinte) que respondieron dijeron que lo más tarde que se levantaban era a las 6:00 a.m. Por ejemplo, de acuerdo con las notas de las entrevistas que Citrin compartió conmigo más adelante, Steve Reinemund, ex presidente y director ejecutivo de PepsiCo, se levantaba a las 5:00 a.m. y corría seis kilómetros y medio en la caminadora. Luego tenía un momento de descanso en que rezaba, leía y se ponía al día con las noticias antes de desayunar con sus hijas gemelas. Cuando le pedí a Reinemund —quien ahora funge como decano de las Escuelas de Negocios de la Universidad Wake Forest— que me platicara sobre su horario, me dijo que llevaba varias décadas corriendo esos casi siete kilómetros. "Nunca me hospedo en un hotel que no tenga corredoras", dijo. ¿Cuál es la única excepción en su rutina? Bien, pues los domingos comienza un poco más tarde, y los jueves es el anfitrión del programa "Despertar con el decano", gracias al cual los estudiantes de

Wake Forest pueden reunirse con él a las 6:30 a.m. para correr casi cinco kilómetros.

Otras de las personas que respondieron a la encuesta de Citrin comienzan incluso un poco más temprano. Uno de los ejecutivos le comentó a Citrin, "Hay una cafetería en el pueblo (Louie's) a la que voy casi todos los días para leer el periódico y beber café. Está abierta a partir de las 4:30 a.m. y los periódicos llegan como a las 5:00... Ya me conocen, así que, cuando me ven pasar por la ventana del frente, saben que llegó la hora del café grande y los cuatro diarios para Conway... Por lo general Billy está en el mostrador: me asombra la cantidad de clientes a los que identifica perfectamente".

Cualquiera que sea el ritual, sin embargo, siempre hay una razón para llevar a cabo estas rutinas tempraneras. La gente exitosa tiene prioridades que quiere abordar o actividades que quiere realizar en su vida, y el inicio de la mañana es justo ese momento en que tiene más control sobre sus horarios. En este mundo de conectividad permanente y de organizaciones que tienen un manejo global, tu día puede desvanecerse con rapidez a medida que las prioridades de otras personas te van invadiendo, incluso las de la gente a la que amas con todo tu corazón y con la que vives. En este período de entrevistas acerca de lo que la gente hace en la mañana, una de las frases más recurrentes ha sido: "Es el tiempo que tengo para mí". Reinemund me dijo, "Siempre ansío la llegada de mis mañanas. Las celebro porque son mi tiempo personal". Lo más probable es que un ejecutivo jamás pueda relajarse en la cafetería Louie's a las 2:00 p.m., pero a las 5:00 de la mañana sí es posible. Yo no puedo escribir con tranquilidad en mi diario ni hacer ejercicio con pesas a las 8:15, justo en el momento previo a la entrada a la escuela, pero a las 6:15, sí. En lugar de no despegar la mirada del reloj, los padres también podemos aprovechar un poco del tiempo del desayuno para convivir de manera más consciente con nuestros hijos. El aprovechamiento y la asunción del control de tus propias mañanas es el equivalente al importante consejo financiero que indica que uno debe pagarse a sí mismo antes de pagar las cuentas pendientes con otros. Si esperas hasta el fin de mes para ahorrar lo que te queda, ya no habrá nada. De la misma manera, si esperas hasta que termine el día para realizar actividades que son importantes para ti pero no urgentes, como hacer ejercicio, orar, leer, reflexionar sobre el avance de tu carrera o el crecimiento de tu empresa, o brindarle a tu familia lo mejor, lo más probable es que ya sea demasiado tarde.

Si quieres hacer algo, entonces tienes que hacerlo antes de enfocarte en cualquier otra cosa.

ES CUESTIÓN DE FUERZA DE VOLUNTAD

Si en el mundo hay búhos y alondras (como Reinemund, quien nos dijo que se levantaba a las 5:00 desde que era estudiante), me inclino a pensar que yo pertenezco al primer grupo. En la universidad tuve varios empleos nocturnos, como el de encargada de un café hasta la 1:00 a.m. Y también estudiaba entonces. Incluso después de salir de la universidad, cuando conseguí un empleo "de verdad" en *USA Today*, el cual me exigía estar despierta a horas comunes para realizar un trayecto épico, solía hacer mis labores más creativas por la noche. Era un hábito para mí, y todavía ahora lo hago de vez en cuando. A pesar de que suena irónico, la mayor parte de este documento acerca de lo que hace la gente más exitosa antes del desayuno la escribí en una cafetería... por la noche.

Pero para llevar a cabo dichas tareas en esta etapa de mi vida en que tengo niños pequeños y una cantidad de trabajo que sobrepasa por mucho lo que se puede hacer en horarios laborales comunes, tuve que lograr varias hazañas de logística. Para empezar, me vi forzada a solicitar que una persona cuidara a mis hijos durante más horas, y a confrontar a los miembros más pequeños de mi familia, quienes, con toda razón, esperaban que las horas después de clases y el trabajo de oficina las pasáramos juntos. Es por esta razón que no puedo usar esas horas para llevar a cabo un trabajo bien enfocado, y mucho menos, para hacer ejercicio o actividades personales del mismo tipo.

Y así fue que comencé a considerar los beneficios de aprovechar el día. Todos tenemos 168 horas a la semana, pero no todas esas horas son apropiadas para hacer lo que necesitamos. Definitivamente me di cuenta de eso cuando comencé a llevar un registro riguroso de mi horario para el libro que escribí sobre la administración del tiempo: *168 horas*. En cuanto comencé a escribir lo que hacía con mi tiempo, cada vez que me era posible, noté varios patrones. Por ejemplo, en las horas normales de trabajo casi siempre tenía un rato verdaderamente bueno de productividad en la mañana, en el que me podía enfocar durante noventa minutos o más en un solo proyecto. Conforme el día avanzaba, me distraía más, y no sólo me sentía tentada a revisar el correo o navegar en internet: las tareas pendientes también comenzaban a acumularse. Esto lo noté en mis horarios, pero también en los de otras personas. El día pasaba y el tiempo que le invertíamos a actividades individuales comenzaba a decrecer.

En cuanto al ejercicio, detecté a algunas personas que lograban hacer sus rutinas después del trabajo, pero solían pertenecer al grupo de los más jóvenes y solteros. Quienes trabajábamos en casa podíamos intercalar, de una forma muy apretada, un rato de ejercicio en algún momento del día porque, como no teníamos compañeros de cubículo, no importaba si no nos duchábamos después de la rutina (¡o hasta el día siguiente!). Sin embargo, este asunto del sudor sí era un obstáculo para las personas que tenían empleos convencionales, y a quienes también les incomodaba que las vieran caminando por ahí con una maleta deportiva a la mitad de la jornada laboral. Asimismo, la asombrosamente constante forma en que se presentaban las emergencias de trabajo jugaba un papel importante. Las horas laborales tenían una peculiar manera de extenderse hasta la noche a medida que las fechas límites de entrega se iban acercando. Era entonces que esa rutina de ejercicio siempre se quedaba en "veremos". La gente que tomaba el asunto del ejercicio con más seriedad lo hacía por las mañanas porque, en ese momento, las emergencias todavía no surgían y, además, así sólo tendrían que tomar una ducha al día. El entrenador de triatlones, Gordo Byrn, me comentó, "Siempre hay una razón para dejar de hacer tu rutina de las cuatro de la mañana, y te aseguro que, además, siempre será una buena razón."

Desde el punto de vista de la logística, tiene más sentido ocupar las mañanas para hacer ejercicio o el trabajo que exige mayor enfoque, pero a medida que hice algunos ajustes en mis registros de horarios y fui postergando las llamadas telefónicas pendientes hacia la tarde, y así aprovechar mi estallido de productividad matinal, empecé a preguntarme si en verdad había razones, más allá de la logística, para que las mañanas fueran el momento idóneo para llevar a cabo tareas.

Y resultó que sí. Investigaciones recientes sobre el antiquísimo concepto de la fuerza de voluntad nos demuestran que es más sencillo realizar las tareas que exigen autodisciplina en las primeras horas del día.

Roy F. Baumeister, profesor de psicología de la Universidad del Estado de Florida, ha invertido su tiempo profesional en el estudio de este tema de la disciplina autoimpuesta. En un experimento muy famoso, les pidió a los estudiantes que ayunaran antes de llegar al laboratorio; luego se les dejó solos en un salón en donde había rábanos, galletas con chispas de chocolate y dulces. En su libro de 2011, *Willpower: Rediscovering the Greatest Human Strength*, Baumeister y el periodista científico John Tierney explicaron que algunos estudiantes pudieron comer lo que quisieron, pero a otros se les ordenó que sólo comieran rábanos. Después de eso los participantes debían trabajar en problemas geométricos imposibles de resolver. "En general, los estudiantes a los que se les había permitido que comieran galletas con chispas de chocolate y dulces trabajaron en los problemas por veinte minutos, de la misma forma que lo hicieron otros estudiantes de un grupo de control, a quienes no se les ofreció alimento de ningún tipo. No obstante, los jóvenes a los que tristemente sólo se les dieron rábanos, se dieron por vencidos en sólo dieciocho minutos, lo cual era una diferencia astronómica en el contexto de los estándares usados en experimentos de laboratorio. Estos estudiantes resistieron con éxito sucumbir a la tentación de las galletas y los chocolates, pero el esfuerzo los dejó con menos energía para enfrentarse a los problemas geométricos."

Lo que Baumeister y sus colegas aprendieron de este experimento es que "la fuerza de voluntad, al igual que los músculos, se fatiga si se usa demasiado." Esto es un problema porque, aunque dividimos nuestra vida en categorías como "trabajo" y "hogar", la realidad es que, tal como Baumeister me dijo, "Tienes una sola fuente de energía, que es la que usas para todos los tipos de actos de autocontrol, y eso no solamente incluye resistir las tentaciones de la comida, sino también controlar tus procesos mentales, emociones, todas las formas de control de impulsos, y tratar de desempeñar bien tu trabajo y otras labores. Lo más sorprendente es que esta fuente también la utilizamos para tomar decisiones, así que, cada vez que eliges algo, gastas (temporalmente) parte de la energía que necesitas para el autocontrol. El razonamiento arduo, al igual que el razonamiento lógico, también se nutre de esta fuente." El hecho de que a lo largo del día tengamos que lidiar con el tráfico, nuestros frustrantes jefes y los niños peleándose, más las tentaciones electrónicas que, de una forma aún más traicionera son tan atrayentes como las galletas con chispas de chocolate recién horneadas, significa que nuestra fuente de fuerza de voluntad, sencillamente, se consume.

"Al parecer, hay un modelo general en el que los fracasos más importantes de autocontrol y otras malas decisiones ocurren hacia el final del día", explica Baumeister. "Las dietas se rompen por la tarde, no por la mañana. La mayoría de los crímenes impulsivos se cometen después de las 11:00 p.m. Los episodios de uso de drogas, abuso de alcohol, mal comportamiento sexual, excesos al apostar y otras acciones similares, suelen suceder por la tarde y la noche."

Por el contrario, en la mañana, después de una buena noche de sueño, el suministro de fuerza de voluntad se encuentra fresco y nos inclinamos más al optimismo. En un análisis realizado en varias publicaciones de Twitter de todo el mundo, se descubrió que para algunas personas es más probable usar palabras como "excelente" y "súper" entre las 6:00 y las 9:00 a.m., que en otros momentos del día. A esta temprana hora tenemos suficiente energía y fuerza de voluntad para enfrentar los asuntos que requieren motivación interna, y todo aquello que el mundo exterior no nos exige o recompensa de manera inmediata, situaciones de las que hablaremos más adelante.

Ésta es la razón que tenemos para colocar nuestras prioridades en la agenda en primer lugar, sin embargo, aún queda algo que decir respecto a la metáfora de los músculos. Los músculos pueden fortalecerse con el tiempo. El fisicoculturista tiene que trabajar con ahínco para desarrollar bíceps enormes, pero después de hacerlo, puede tan sólo realizar una rutina de mantenimiento y continuar luciendo bastante musculoso. Paradójicamente, las investigaciones han dado a conocer que, respecto a la fuerza de voluntad, la gente que sale mejor librada en términos de autodisciplina tiene la tendencia a no utilizar esta disciplina cuando realiza actividades que parecerían requerirlo más, como hacer la tarea o llegar a tiempo a clases o al trabajo. Y es que, para la gente exitosa, éstas ya no representan elecciones sino hábitos. "Lograr que algo se convierta en rutinas y hábitos exige fuerza de voluntad al principio, pero también sirve para conservarla a largo plazo", dice Baumeister. "En cuanto las actividades se hacen habituales, comienzan a operar como procesos automáticos, los cuales consumen menos fuerza de voluntad."

Pensemos, por ejemplo, en el cepillado de dientes. La verdad es que casi nadie se queda ahí parado en la mañana discutiendo consigo mismo sobre si quiere cepillarse o no, si vale la pena el esfuerzo de caminar hasta el lavabo, o si la sensación que provocan las cerdas del cepillo en toda la boca es particularmente agradable. En realidad es un ritual matutino. De la misma manera, la gente exitosa transforma las actividades de alto valor en hábitos matinales, y gracias a eso puede conservar su energía para las batallas que se presentarán más tarde: los colegas fastidiosos, el tráfico y otros elementos que desgastan la fuerza de voluntad y que por la tarde siempre nos hacen querer beber una enorme capa de vino en lugar de salir corriendo al gimnasio. La copa de vino sigue siendo mala idea, pero si te ejercitas en la mañana y decides beber más tarde, al menos estarás tranquilo porque ya fuiste al gimnasio muchas horas antes. El progreso lento pero constante se logra gracias a estos hábitos cotidianos, es decir, los cimientos para la felicidad, la salud y la riqueza. Tierney y Baumeister nos dicen en su libro, "Finalmente, el autocontrol te permite relajarte porque elimina el estrés y te da la capacidad de conservar fuerza de voluntad para enfrentar los desafíos importantes."

ASUNTOS IMPORTANTES PERO NO URGENTES

Entonces, ¿cuáles son los mejores hábitos matutinos? Naturalmente, puedes hacer un hábito de cualquier actividad que gustes. Podrías hacerte el hábito de lavar la ropa antes de que los demás siquiera desayunen, o podrías ver televisión antes de que despierten tus hijos. También podrías programar una conferencia de veinte personas para esa valiosísima primera hora del día de trabajo. Sin embargo, la mayoría de la gente no necesita fuerza de voluntad para ver televisión, y el lavado de la ropa suele hacerse porque es necesario y punto. Lo merezcan o no, las conferencias telefónicas ya están casi en la cima de la lista de prioridades porque involucran a otras personas y aparecen en nuestras agendas en ciertas ocasiones. Los mejores rituales matutinos involucran esas actividades que no tienen por qué suceder y, ciertamente, tampoco tienen que pasar a una hora específica. Me refiero a las actividades que requieren motivación interna. La recompensa no es tan inmediata como el sencillo placer de ver un programa de televisión o responder un correo electrónico que no exige que lo contestemos de inmediato, pero de todas formas llega. Los mejores rituales matutinos son los que involucran actividades que, practicadas de manera regular, dan como resultado beneficios a largo plazo.

La gente más exitosa usa sus mañanas para realizar las siguientes actividades:

1. Nutrir sus carreras —diseñar estrategias y realizar trabajo enfocado.
2. Nutrir sus relaciones personales —brindarle lo mejor a su familia y a sus amigos.
3. Nutrirse a sí mismos —realizar ejercicio y prácticas espirituales y creativas.

Ahora las analizaremos una por una.

1. Nutre tu carrera

En 2010, Debbie Moysychyn comenzó a trabajar construyendo una división de educación sobre salud en la Universidad Brandman. Como parte de un taller que impartí en la convención nacional de la Asociación de Mujeres de Negocios dedicadas al Cuidado de la Salud, Debbie diseñó una bitácora y, después de algunos días de escribir lo que hacía, notó que "¡Algunas cosas son terriblemente obvias!" Lo más evidente fue que la interrumpían todo el tiempo. Sus días estaban llenos de juntas para discutir asuntos específicos, conversaciones breves; treinta minutos de esto y luego treinta minutos de aquello; y parte de estas interrupciones sucedían a propósito. Debbie estaba tratando de establecer una cultura de colaboración y tenía una política de puerta abierta para su equipo. Así pues, vistas desde esa perspectiva, las "interrupciones" eran la parte más importante de su día. El problema fue que también tenía que realizar otros proyectos, y la desarticulada naturaleza de su horario le impedía tener avances significativos.

La solución a este problema resultó estar en una particularidad de su vida personal. Su hija adolescente jugaba waterpolo y con frecuencia necesitaba llegar a la alberca antes de las 7:00 a.m. A veces, después de llevarla, Debbie regresaba a casa y veía la televisión o se iba a la oficina y pasaba las primeras horas de la mañana limpiando la bandeja de su correo electrónico. Noté que había muchos otros momentos en que podía realizar esta labor —como esos episodios repentinos de cinco minutos de productividad que se daban entre las visitas que le hacían los miembros de su equipo, por ejemplo—, pero que a las 6:30 a.m. nadie necesitaba verla en la oficina. Ése era el tiempo idóneo para el trabajo enfocado. Debbie podía elegir una prioridad para cada día, trabajar en ella en esas tempranas horas, y luego relajarse cuando la visitaran sus colegas más tarde.

Debbie estuvo de acuerdo en intentarlo y descubrió que el cambio fue bastante sencillo porque, en realidad, a esa hora ya estaba despierta. Sólo tenía que hacerse el hábito de no contestar correos electrónicos para poder respetar ese "tiempo para proyectos". Algunos días después en el taller nos dijo que estaba logrando tanto, que se sentía involucrada por completo. Varias semanas más adelante verifiqué su progreso y me enteré de que "seguía aprovechando las primeras horas de la mañana para hacer el trabajo pesado". "A veces hago mucho más antes del desayuno, de lo que solía hacer en un día completo. Quizá no tanto, pero ya estoy sacando varios pendientes que llevaban mucho tiempo en mi lista."

Esta falta de interrupciones es la razón clave por la que la gente prefiere hacer temprano el trabajo enfocado: a esa hora se puede producir sin parar. Muchos saben, por ejemplo, que el novelista Anthony Trollope escribía varias horas cada mañana sin falla. Todos los días, Charlotte Walker-Said, posdoctorante de historia en la Universidad de Chicago, utiliza las horas que hay entre las 6:00 y las 9:00 a.m. para trabajar en un libro sobre la historia de las políticas religiosas en África Occidental. Charlotte puede leer artículos académicos y escribir varias cuartillas antes de iniciar sus responsabilidades como profesora. "En cuanto comienzas a ver un correo electrónico, todo el día se transforma en respuestas electrónicas y rebote de mensajes", explica. Las primeras horas de la mañana son fundamentales para que Charlotte maneje el estrés que supone el mercado de empleo académico menos óptimo. "Todos los días tengo un empleo", dice, "pero sólo por las mañanas siento que tengo una carrera". Charlotte tiene razón en varios sentidos; un estudio realizado entre profesores jóvenes demostró que quienes escribían un poco todos los días tenían mayores probabilidades de hacer antigüedad en una institución, que aquellos que sólo realizaban la escritura en episodios de energía intensa, y luego la posponían el resto del tiempo.

Por supuesto, algunas personas descubren que a ellas les funciona lidiar con el resto del mundo temprano por la mañana, en especial si lo hacen bajo sus propios términos: envían correos que necesitan para pensar bien las cosas y deciden cuáles serán sus mensajes para redes sociales cada día. Gretchen Rubin, autora del *best-seller, The Happiness Project*, se levanta a las 6:00 a.m. para tener una hora que dedicar a sí misma antes de que se despierte el resto de la familia a las 7:00. "Antes trataba de escribir lo más pesado a esa hora porque había leído que mucha gente piensa con mayor claridad en la primera parte del día", comenta. "Pero después de un año de frustración, me di cuenta de que, para poder concentrarme, necesitaba una hora para ponerme al corriente con los mensajes y las redes sociales; y para establecer horarios y asuntos de logística. Es por eso que ahora utilizo el tiempo entre las 6:00 y las 7:00 para realizar ese tipo de labores." Gretchen considera que este ritual es "muy satisfactorio".

En ese mismo estilo de construcción de una red profesional, por mucho tiempo he pensado que el concepto del "trabajo de redes en el desayuno" es subestimado enormemente. Con mucha frecuencia, los padres de familia y los abstemios faltan a las fiestas de coctel en que se sirven bebidas alcohólicas porque la presencia del alcohol y la noción de que el día ya terminó hacen que la gente se disponga a socializar en lugar de trabajar. Es común que, por ejemplo, olvidemos recoger tarjetas de presentación o, si lo hacemos, luego olvidamos porqué deseábamos volver a hablar con los dueños. Por las mañanas, en cambio, "la gente se remanga y se pone a trabajar", dice Christopher Colvin, socio del bufete Kramer, Levin, Naftalis y Frankel, quien con frecuencia se levanta a las 5:30 a.m. para sacar a pasear a su perro y leer asuntos del trabajo antes de darles de desayunar a sus hijos. Para aprovechar esta rutina, fundó IvyLife, un grupo que tiene el objetivo de establecer contactos entre alumnos de las escuelas del circuito Ivy League y cuyos miembros, entre otras actividades, se reúnen todos los miércoles para desayunar en la ciudad de Nueva York. "Me he dado cuenta de que en la mañana me siento más fresco y soy más creativo. También me vuelvo más propenso a que las anécdotas que escucho en la mesa me inspiren", dice. "Hacia el final del día mi mente está un poco más saturada." Cualquiera de los veteranos del ambiente de la hora feliz, de seguro estará de acuerdo con Christopher, y sabe que esa sensación de abarrotamiento siempre empeora después de unos cuantos vasos de ginebra con agua quina.

2. Nutre tus relaciones personales

Al hablar con Kathryn Beaumont Murphy, una abogada fiscal corporativa cuyos cambios de horario presenté en *168 Horas*, me di cuenta de que las familias podían usar sus mañanas como algo más que una lucha a muerte por salir de casa. Kathryn llevaba un año como socia cuando la conocí, y le costaba mucho trabajo volver suficientemente temprano a casa por las tardes para estar tiempo con su hija. Esta situación frustraba mucho a la abogada, a pesar de que los fines de semana pasaba bastante tiempo con la niña. Analicé sus horarios y noté que por las noches desperdiciaba el tiempo un buen rato, luego se levantaba, iba a trabajar y desperdiciaba más tiempo en la oficina. Kathryn se servía café y revisaba el correo personal o leía los encabezados antes de comenzar a trabajar, por lo que le sugerí que se fuera a dormir temprano, que se despertara al mismo tiempo que su hija, y que, antes de iniciar su trayecto a la oficina, aprovechara las primeras horas de la mañana para tener tiempo de calidad con su pequeña. La idea le gustó. "Sería muy sencillo hacer eso; me pregunto por qué no se me ocurrió antes", dijo. Le agradó en particular la idea de planear con anticipación lo que harían juntas, ya que eso le permitiría levantarse con ganas de realizar la actividad. Durante los siguientes meses, Kathryn y su hija empezaron a desayunar juntas, abrazarse o leer cuentos antes de que llegara la niñera. Debido a que en la oficina de Kathryn sólo se pagaban las horas extra vespertinas, y no las matutinas, creí que nadie notaría si llegaba un poco más tarde, es decir, a la hora que en realidad siempre comenzaba a trabajar.

El cambio le ofreció a la ejecutiva una manera agradable de comenzar el día y de brindarle a su hija lo mejor, en lugar de darle sólo lo que le quedaba por la noche. Las mañanas se volvieron tan atractivas que, dos años después, cuando verifiqué su avance, Kathryn me reportó que su esposo también había hecho de las mañanas *su* momento especial con su hija y con el bebé que tuvieron a principios de 2010. "Ahora, el desayuno es una *súper* producción en nuestra casa", me dijo. "¡Y creo que todos lo adoran!"

Esta idea de aprovechar las mañanas como un momento familiar positivo en realidad me marcó cuando analicé mi propia vida. Aunque muchos niños pequeños se levantan en cuanto amanece, mis hijos tienden a despertar más tarde; por eso, si trabajas fuera de casa y no puedes ver a tus hijos durante el día, ¿por qué no aprovechas este tipo de rutina? Puedes mantener la mirada fija en el reloj, tal como lo hago yo, o puedes poner una alarma que te dé una advertencia quince minutos antes de salir, y sólo relajarte. La gente siempre valora la importancia de la cena familiar, pero ésta sencillamente no puede ser una realidad para las familias con hijos pequeños que quieren cenar como a las 6:00 o 7:00 p.m., y padres que trabajan hasta mucho más tarde. Pero en realidad la cena no tiene nada de mágico; si las investigaciones sobre la fuerza de voluntad están en lo cierto, a la hora de la cena estamos de peor humor que a la del desayuno. El manejo de los desayunos familiares como asuntos relajados y divertidos los convierte en un excelente sustituto de las cenas. Es por ello que estos días trato de cocinar hot cakes con más frecuencia. También evito hojear el periódico y me enfoco en hablar con mis hijos sobre lo que sucederá durante el día o sobre cualquier asunto que ocupe sus mentes.

Es lo mismo que hace Judi Rosenthal, asesora financiera de Nueva York y fundadora de la red Bloom de los asesores financieros de Ameriprise. El esposo de Judi se encarga de las tareas domésticas principales que tienen que ver con los niños, pero "a menos de que tenga que ir a algún lugar, mi rutina de la mañana incluye pasar tiempo de calidad con mi hija", dice Judi. "Siempre le preparo un desayuno cuyo principal ingrediente es el tocino, y arreglo con dedicación un lugar especial para ella en la mesa. Nos sentamos juntas y platicamos de lo que sea; si nos da tiempo, coloreamos algún dibujo o hacemos algún trabajo manual con 'tijeretazos', papel y pegamento. Luego hacemos juntas su cama y yo le ayudo a vestirse y a cepillarse el cabello mientras cantamos y platicamos. Esos cuarenta y cinco minutos son el tiempo más valioso de mi día."

Si no tienes niños en casa, el tiempo de la mañana puede ser excelente para nutrir la relación que tienes con tu cónyuge, otros miembros de la familia o tus amigos cercanos. Uno de los datos más perturbadores que encontré en las estadísticas que leí para mi investigación sobre la forma en que la gente ocupa su tiempo, decía que las parejas que aportaban doble ingreso al hogar sólo tenían doce minutos al día para hablar. En mi opinión, sin embargo, si se conforman con eso, es porque no quieren esforzarse mucho. La semana tiene 168 horas, así que si trabajas 50 horas y duermes 56 (ocho por noche), eso todavía te deja 62 horas para otras actividades. Es probable que encontremos más de 84 minutos (12 x 7) por ahí. No obstante, las parejas a menudo se sienten como buques que se pasan entre sí por la noche; embarcaciones que se encuentran en el muelle del mismo puerto sólo cuando ambos yacen en el sillón frente a la televisión al final del día.

Hay otras parejas que, en contraste, encuentran la manera de tener bastante tiempo de calidad. Para las 9:00 a.m. de todos los días de la semana laboral, Obie McKenzie, director de gerencia del Grupo Global de Clientes de BlackRock, y su esposa ya pasaron cerca de 84 minutos conversando porque viajan juntos, desde su casa en Englewood, Nueva Jersey, hasta la ciudad de Nueva York. Para ellos, lo que podría ser un irritante trayecto a la hora pico se transforma en una cita amorosa diaria. "Nos mantiene vinculados todo el día", dice McKenzie. La pareja habla de varios detalles de su casa (como las reparaciones necesarias después del tremendo fiasco del drenaje que se reventó), de sus finanzas y de la vida en general.

O también, como escribió un lector en mi blog para describir su mañana ideal, siempre se puede recurrir al "sexo al amanecer": una forma bastante agradable de ocupar el tiempo antes del desayuno, ¿no crees?

3. Nútrete a ti mismo

La mayoría de los ejecutivos a los que James Citrin encuestó, para averiguar sobre sus rutinas de la mañana, hacía ejercicio desde temprano. Frits van Paasschen, en aquel entonces presidente y director ejecutivo de Coors Brewing Company, tenía el objetivo de estar corriendo para las 5:50 a.m. y volver a casa a las 6:30. Ursula Burns, quien era entonces vicepresidente senior de Xerox (ahora es directora ejecutiva), programaba una hora de entrenamiento personal que iniciaba a las 6:00 a.m. dos veces por semana. Steve Murphy, director ejecutivo de Rodaleen aquel tiempo, acumulaba noventa minutos, tres veces por semana, para hacer yoga.

Estoy hablando de gente increíblemente ocupada, pero creo que si estas personas encuentran la manera de hacerse tiempo para ejercitarse, es porque se trata de una actividad importante, y si lo hacen por la mañana, es por una razón. En efecto, algunas investigaciones sugieren que el ejercicio matutino tiene más efectos benéficos que el que se realiza a otras horas del día. Un estudio de la Universidad Estatal de los Apalaches arrojó que la gente que hace ejercicio como su primera actividad de la mañana puede quedarse dormida en la noche con mayor rapidez, y su sueño tiene menos interrupciones que el de quienes ejercitan en otros momentos. Una de las explicaciones posibles nos dice que el cuerpo libera hormonas de estrés al despertar, y que el ejercicio en las primeras horas de la mañana contrarresta esas hormonas. Si el ejercicio se lleva a cabo más tarde, entonces las hormonas tienen más tiempo para hacer efecto. En otro estudio se descubrió que el ejercicio vigoroso previo al desayuno contrarresta los efectos de la glucosa de la sangre, la cual es producto de una dieta alta en grasas; otra investigación nos dice que el desempeño es mejor después de que se comió un desayuno ligero. De cualquier manera, los resultados de varios estudios nos dan una razón todavía menos compleja en el aspecto médico para explicar por qué el ejercicio matutino es más efectivo: la gente que se ejercita en la mañana es más proclive a ser constante, quizá por las mismas razones que tienen que ver con la fuerza de voluntad y la logística, de las cuales hablé antes. Y es que, una carrera ocasional te traerá pocos beneficios, pero el compromiso permanente de correr cinco veces a la semana transformará tu salud.

A mí siempre me ha gustado correr, pero en el verano de 2011 decidí averiguar si correr al amanecer me haría disfrutar más de esta actividad. ¿Cuál es la respuesta? Sí. En junio, tras mudarnos de Manhattan a una zona más campestre en los suburbios de Pensilvania, comencé a correr temprano por la mañana cuando mi esposo estaba en casa. La noche anterior dejaba lista mi ropa de ejercicio, incluso la liga para el cabello, y programaba la alarma a las 6:20. Para las 6:30 ya estaba saliendo, y luego pasaba los siguientes cuarenta y cinco minutos corriendo en varios senderos rodeados de naturaleza que había cerca de nuestra nueva casa. Las gruesas hojas verdes me ofrecían sombra, incluso los días que la temperatura llegaba a los treinta y ocho grados centígrados. Esto resultó fundamental porque estaba embarazada en aquel entonces y no quería sufrir un golpe de calor. A veces veía a las lombrices arrastrándose sobre el pavimento y a los asustados venados que esperaban inmóviles en el bosque. Una mañana particularmente gloriosa, cuando me dirigía de vuelta a casa, vi el arcoíris. Recorrí las mismas rutas durante varias mañanas y comencé a notar mi progreso. De pronto, por ejemplo, fui capaz de escalar una colina zigzagueando sin detenerme. El tiempo que me ejercitaba en la mañana resultó ser maravilloso para reflexionar, para pensar en el libro que estaba tratando de terminar en ese momento y para meditar sobre las esperanzas que tenía para la pequeñita que pateaba con alegría en mi interior y que me acompañaba en cada recorrido.

Quizá porque es bien sabido que el ejercicio matutino anima a la gente, ahora muchos gimnasios ofrecen clases para las multitudes deseosas de moverse desde temprano. Julie Delkamiller, profesora asistente de educación especial, educación para sordos e interpretación del lenguaje de signos en la Universidad de Nebraska en Omaha, toma una clase de rutinas de jazz a las 5:30 a.m., cuatro de los cinco días de la semana laboral. "Tomo la clase a diez minutos de casa y, si el tráfico es poco, puedo llegar allá en un santiamén", nos comenta. "Me encanta la cercanía de las otras mujeres porque sé que puedo contar con ellas, y además los instructores nos motivan mucho. Es curioso pero, para mí, la clase también es casi una sesión de meditación, y honestamente, me gusta ir así de temprano porque asisten menos mujeres y hay más espacio." Julie vuelve a casa a las 6:35 a.m. "Cuando llego todo mundo duerme aún, así siento que no me he perdido de nada 'importante', y además ya hice algo por mí misma, una actividad que tiene un impacto inigualable en mi productividad a lo largo del día."

Si la idea de mejorar tu productividad no es suficiente para sacarte de la cama, también puedes contar con la estrategia de hacer un compromiso previo, en particular, la que implica pagarle a un entrenador para que fije una cita contigo y se asegure de que hagas ejercicio. Cuando David Adelman asistía a la escuela de negocios de la Universidad de Pensilvania y, al mismo tiempo, quería hacer algo de músculo para su boda, contrató al fabuloso Mr. Baltimore para que lo obligara a ejercitarse desde temprano en el Club Deportivo Philly, varias veces por semana. David ya estaba acostumbrado a las rutinas en las primeras horas de la mañana porque él y su esposa se conocieron en un excesivamente riguroso programa de entrenamiento físico llamado el Campamento de Barry, en Los Ángeles. Eso fue cuando ambos trabajaban para Bain & Company. "En aquel entonces éramos sólo amigos, pero el hecho de sufrir juntos todo aquel abuso físico, nos motivó a salir como pareja", comenta David. Después de reunirse con Mr. Baltimore a las 7:00 a.m., tres o cuatro veces a la semana durante varios meses, David logró una elegante figura para su boda en la playa. A pesar de que en la actualidad dirige Reel Tributes, su propia compañía productora de documentales históricos, y de que tiene más flexibilidad para manejar su tiempo, a David todavía le agrada ejercitarse a primera hora. "Me gusta acabar con ese asunto temprano", explica. "Si te ejercitas más tarde, entonces pasas más tiempo temiendo la actividad; pero si lo haces antes de que los demás comiencen siquiera a desayunar, entonces no tienes que pensar mucho tiempo en ello."

Pero por supuesto, el ejercicio no es lo único que te puede ayudar a nutrirte a ti mismo. Las prácticas espirituales como la oración, las devociones, los estudios bíblicos o la meditación, también son muy populares. Christine Galib trabajaba en la sección de administración de la riqueza privada de Morgan Stanley y ahora es parte del equipo de Teach for America y trabaja en la Escuela Latina para Jóvenes del centro de Filadelfia. Christine se despierta a las 5:00 a.m. entre semana, y hace algunas poses de tablones y ejercicios para los bíceps. Luego utiliza varios minutos para revisar sus pendientes del día, lee un versículo de la Biblia y reflexiona sobre él un rato antes de desayunar. "Nada de lo que hice en Wall Street me preparó para dar clases a grupos de entre veinticinco y treinta chicos", explica. Este ritual "me permite manejar mejor mis días."

Wendy Kay, cuyo trabajo implica visitar varios centros de recolección de plasma, incluso uno que fue cerrado por no apegarse a los lineamientos de la FDA, dice, "mi ritual matutino de vinculación espiritual y meditación ha sido la clave del éxito profesional en mi vida adulta." Durante todos los años de trabajo de Wendy en la industria farmacéutica, siempre se levantó dos horas antes de salir de casa e invirtió buena parte de ese tiempo en hablar con Dios, expresar su gratitud, solicitar guía y abrirse a la inspiración. Luego escribía sus ideas. "Al llegar a trabajar mi visión siempre era más lúcida, al igual que las metas. Además podía transmitirle a mi equipo y asistentes un plan de acción nítido", explica.

Manisha Thakor, fundadora y directora ejecutiva de Money Zen Wealth Management, nos habla con mucho entusiasmo de su rutina de meditación trascendental. Consiste en dos sesiones diarias de veinte minutos de meditación en las que se enfoca en respirar y repetir un mantra en silencio. Manisha hace la primera sesión antes del desayuno y la segunda cuando vuelve a casa por la noche. Comenzó esta práctica cuando realizó el cambio de ejecutiva a empresaria. "Las exigencias eran tan distintas que sentí que el trabajo ocupaba mi mente las veinticuatro horas del día de los siete días de la semana… trescientos sesenta y cinco días al año. Mi cerebro nunca estaba suficiente tiempo en silencio para que yo pudiera crear al nivel que quería." Manisha se inscribió en un curso con su esposo: "es una de las prácticas más enriquecedoras que he tenido en la vida. Ahora puedo pensar con mayor claridad y, con frecuencia, las ideas creativas simplemente 'aparecen' en mi mente. También puedo ver mi lista de pendientes para el día con más calma y una mirada más estratégica." Según Manisha, el resultado es que ahora "es más divertido juntarse con esta recalcitrante adicta al trabajo."

CÓMO REINVENTAR TUS MAÑANAS

Al estudiar los hábitos matutinos de la gente aprendí que para aprovechar la primera parte del día se requiere de un proceso de cinco pasos.

1. Registra lo que haces con tu tiempo

Para aprovechar más tu tiempo es importante que sepas con exactitud de qué manera lo usas en la actualidad. Si ya has tratado de bajar de peso, entonces sabes que los nutriólogos siempre te piden que lleves un diario alimenticio porque, de esa manera, dejarás de comer descuidadamente. Pues sucede lo mismo con el tiempo. Con toda la frecuencia que te sea posible, describe las actividades que realizas; trata de dar todos los detalles que creas que te servirán. En mi sitio de internet, http://lauravanderkam.com/books/168-hours/manage-your-time/, podrás encontrar una hoja especial para este propósito, pero también puedes usar un cuaderno o un documento de Word en tu computadora.

Aunque quizá estés pensando específicamente en tus mañanas, trata de registrar todo lo que haces en una semana completa (168 horas). Este ejercicio debemos hacerlo porque, muy a menudo, la solución a tus dilemas matutinos se encuentra en el demás tiempo del día. Por ejemplo, es probable que en las mañanas estés muy cansado porque te acuestas tarde, pero si analizas la forma en que pasas tus noches, te darás cuenta de que no estás haciendo nada urgente o particularmente agradable. Puedes grabar el programa de Jon Stewart y verlo después —tal vez mientras corres en la caminadora a las 6:30 a.m.—; por otra parte, lo más probable es que tus colegas no esperen una respuesta inmediata a los correos electrónicos que te enviaron entre las 11:00 p.m. y las 8:00 a.m., así que, ¿para qué tomarte la molestia de revisar la bandeja de entrada del correo? Si inviertes tiempo en limpiar la casa, recuerda que, al día siguiente se va a volver a ensuciar, sin embargo, tú jamás recuperarás el tiempo. Si no te gusta dormir en un lugar desordenado, entonces sólo limpia tu cuarto y cierra las puertas al resto de la casa.

En cuanto a las mañanas, es posible que ya las estés usando de una manera bastante organizada, pero sin un enfoque que te permita atender tus prioridades. Haz un seguimiento minucioso y cuestiona los aspectos que das por hecho. ¿Cuáles actividades tienen que realizarse forzosamente? ¿Cuáles no? Es posible que creas que "una buena madre prepara los almuerzos de sus hijos", pero te puedo asegurar que hay varias mujeres que te parecen increíbles y que sólo les dan a sus hijos dinero para comprar el almuerzo en la escuela. Tal vez crees que "todo hombre que quiere conservar su empleo llega a la oficina antes que su jefe" porque eso es lo que te enseñó tu padre, ¡pero quizá a tu jefe le desilusiona no poder estar solo en la oficina por una hora antes de que lleguen los demás! ¿Inviertes demasiado tiempo en tu aspecto personal? ¿Tus hijos te están pidiendo que hagas cosas cuando ellos ya tienen edad para hacerlas solos? Este aspecto ha sido un problema en mi casa por algún tiempo, y por eso, parte de las tareas para reinventar mis mañanas ha consistido en invertir tiempo en enseñarles a mis hijos a ser más autosuficientes. En lugar de buscar una mochila por toda la casa, por ejemplo, sería mejor aprovechar esos mismos minutos para conversar con el niño o la niña en cuestión. Si decides que preparar almuerzos o ser el primero en llegar a la oficina es una prioridad, entonces hazlo, pero debes entender que hay más opciones y que estas actividades no son algo que "tengas" que hacer forzosamente.

2. Imagina la mañana perfecta

En cuanto sepas de qué forma inviertes tu tiempo, pregúntate cómo sería la mañana perfecta. Yo, por ejemplo, comenzaría corriendo (o quizá, como lo sugirió mi lector, favorecería el sexo al amanecer). Luego tendría un abundante desayuno familiar que incluyera buen café; después, en cuanto la familia saliera, realizaría trabajo bien enfocado en uno de mis proyectos a largo plazo, como un libro; y escribiría en mi blog personal.

A continuación, te presento otras ideas de hábitos matutinos que podrías adquirir:

Pintar, dibujar, tomar fotografías (si estás en exteriores), fabricar libros de recortes, hacer artesanías, escribir poesía, practicar un instrumento musical (si vives solo), leer un texto religioso renglón por renglón, practicar yoga, ir a clase de zumba, caminar, entrenar para medio maratón, andar en bicicleta, nadar, ejercitarte con un entrenador privado, levantar pesas, rezar, leer un libro devocional, mirar tus álbumes de fotos o tu lista de contactos y rezar por cada persona, meditar, hacer una lista de gratitud, escribir en tu blog, escribir "páginas matinales" (con el método *The Artist's Way* de Julia Cameron), escribir mil palabras para una novela, escribir un diario, escribir tus cartas de agradecimiento pendientes, leer artículos de publicaciones, asistir a desayunos de redes profesionales, desayunar en familia, cocinar hot cakes o hacer pasteles con tus hijos, organizar un club de lectura familiar, leer cuentos para los niños, leer toda la obra de Shakespeare, leer las mejores novelas del siglo XX, escuchar música desafiante como el ciclo de óperas *El anillo del Nibelungo* de Wagner, jugar con tus hijos, realizar proyectos artísticos en familia, practicar la jardinería, hacer ejercicio con tu pareja, probar una nueva receta cada mañana, hacer análisis estratégico para tu carrera, planear tu desarrollo a largo plazo como empleado, programar lluvias de ideas para un nuevo negocio o prospecto de ventas, organizar la presentación de nuevos proyectos o iniciativas, tomar una clase por internet que vaya a tu propio ritmo.

3. Analiza la logística

¿Cómo podría encajar esta visión con la vida que ya tienes? ¿Cuánto tiempo va a tomar tu ritual? No des por hecho que tendrás que añadirlo a las horas que ya pasas preparándote para salir, ni que deberás llegar a trabajar más temprano. Lo bueno de llenar las horas matinales con actividades importantes es que desplazarás actividades que te quitan más tiempo del necesario. Si te das quince minutos para tomar una ducha, entonces sólo usa esos quince minutos; si te das cinco, sal de la regadera en cinco; a menos, por supuesto, que el ritual de tu mañana ideal incluya un baño contemplativo: en ese caso puedes quedarte en la bañera cuanto tiempo desees. Diseña un horario para la mañana. ¿Qué tiene que suceder para que funcione? ¿A qué hora te tendrías que levantar y, lo más importante, a qué hora tendrías que acostarte para dormir lo suficiente? ¿Puedes acostarte a esa hora? Es probable que a la gente que está acostumbrada a desvelarse le cueste trabajo ir a la cama a la hora precisa para poder dormir ocho horas, pero hay varias maneras de desacelerarse para no dar vueltas sin poder conciliar el sueño. En principio, deja de ver televisión o revisar tu correo electrónico, por lo menos una hora antes de acostarte; existen evidencias de que la luz de las pantallas puede interferir con los patrones del sueño. Asegúrate de que tu cuarto esté oscuro y ligeramente fresco; si todavía hay gente despierta y moviéndose en casa cuando vas a dormir, usa tapones para los oídos; trata de respirar hondo, meditar, orar, escribir en tu diario o leer algo que te relaje.

En cuanto a las mañanas, piensa lo siguiente: ¿necesitas transferirle a tu pareja algunas labores relacionadas con el cuidado de los niños? ¿Contratar una niñera algunas mañanas? ¿O quizá llevar a tus hijos más temprano a la escuela o la guardería? ¿Requieres de equipo para hacer ejercicio? ¿Podrías trabajar desde casa para rescatar el tiempo perdido en trayectos largos? ¿Sería posible que compartieras el auto con algún familiar o amigo para ir al trabajo?

¿Qué te ayudaría a hacer que tu ritual fuera más sencillo? ¿Tendrías que poner tu caballete junto a la cama? ¿Sería posible conseguir una alarma más alegre o un reloj cuya alarma no puedas apagar con tanta facilidad?

Diseña un plan y reúne todo lo que necesitas, pero, hagas lo que hagas, nunca pienses que es imposible. A veces nos resulta muy sencillo creernos nuestras propias excusas, en particular si son suficientemente buenas. Tal vez, por ejemplo, te has dicho que no puedes usar las mañanas para hacer ejercicio porque eres madre o padre soltero y tienes hijos pequeños (o tal vez sólo careces de ayuda como padre o madre durante la semana, desafío que a veces yo misma enfrento), pero olvida por un momento las restricciones económicas. Imagina que tienes todo el dinero del mundo y haz una lista de todas las opciones que se te ocurran; de pronto, comenzarás a ver los distintos costos y grados de dificultad que implican. Podrías, por ejemplo, contratar a una niñera de planta o sonsacar a un familiar para que se mude a tu casa. También podrías conseguir un compañero o compañera de equipo, me refiero a, tal vez, otra madre o padre soltero que te cubra, y a quien puedas ayudar cuando quiera ejercitarse. Podrías contratar una niñera para que te auxilie desde temprano las mañanas que quieras hacer ejercicio, o pedirle a algún familiar o amigo que vaya a tu casa en ese horario. Podrías encontrar una guardería o alguna escuela que ofrezca un programa para antes de entrar a la escuela, con atención desde muy temprano; o un gimnasio con guardería. Otra opción es adquirir una caminadora (nueva o usada), ponerla en el sótano frente a la televisión y correr antes de que los niños se despierten. Podrías comprar una carriola doble diseñada especialmente para trotar y llevar a tus hijos a pasear mientras tú te ejercitas. Al revisar la lista verás que la opción de la caminadora usada es la más eficiente en términos de costo y, según mi opinión, la menos complicada desde la perspectiva de la logística;

sin embargo, tal vez te decidas por otra de las opciones que te suene más atractiva.

4. Hazte el hábito

Este paso es el más importante porque convertir un deseo en ritual exige mucha fuerza de voluntad, y no me refiero solamente a los primeros días. Hablo de que, al principio, tendrás motivación suficiente para mover montañas a las 5:30 a.m., pero luego, poco antes de cumplir las dos semanas, comenzarás a titubear y te dará la impresión de que la cama te llama para que vuelvas a ella. ¿Qué debes hacer entonces?

Una opción sería comenzar lentamente. Acuéstate quince minutos más temprano y levántate quince minutos antes durante algunos días hasta que puedas cumplir con el nuevo horario.

Lleva un registro de tu energía. Para adoptar nuevos hábitos es necesario esforzarse, y por eso deberás cuidarte bien durante la transición. Come bien y suficiente, toma algunos descansos a lo largo del día y rodéate de gente que te apoye y quiera verte triunfar.

Sólo adopta un hábito a la vez. Por ejemplo, si quieres correr, orar y escribir un diario por las mañanas, debes elegir una de estas actividades e invertir toda tu energía para convertirla en hábito; en cuanto lo logres, podrás enfocarte en la siguiente.

Registra tus avances. Para hacerse de hábitos es necesario que pasen varias semanas, así que deberás registrar tus logros durante treinta días por lo menos. Benjamín Franklin describió en sus notas cómo se calificaba a sí mismo para desarrollar varias virtudes (templanza, modestia y otras similares). En *The Happiness Project*, Gretchen Rubin presentó esta idea: cada vez que progresaba un poco más hacia sus metas, anotaba sus victorias en la Tabla de resoluciones. Esta técnica permite que, el día que no realices la actividad y sientas como si hubieras olvidado algo —lavarte los dientes, por ejemplo—, sepas que ya desarrollaste un hábito y estás listo para dar un paso más para fortalecer tu ritual.

También siéntete con la libertad de sobornarte un poco al principio. Tarde o temprano, cuando comiences a verte mejor y tener más energía, el ejercicio diario te brindará suficiente motivación, pero hasta entonces, tal vez necesites estímulos externos para mantenerte interesado, como prometerte a ti mismo un masaje o boletos para ir a un concierto. También debes recordar que tus rituales matutinos no deben ser sesiones de autoflagelación. Elige actividades que en verdad disfrutes. Shawn Achor, búho autoproclamado y autor del libro *The Happiness Advantage*, se entrenó a sí mismo para ser una persona más "matinal". Lo único que necesitó fue establecer rituales que lo emocionaran lo suficiente como para levantarse por las mañanas. Shawn inicia el día escribiendo aquello por lo que está agradecido. "Permanecemos en cama por las mañanas porque nuestras mentes se fatigan de tanto pensar en todas las actividades que tenemos que realizar durante el día. Pensamos en obligaciones en lugar de enfocarnos en las cosas que nos hacen felices", dice el autor. Sin embargo, también puede suceder que, "Si piensas en las cosas que anhelas y esperas que sucedan, te será más sencillo levantarte de la cama porque aquello en lo que se enfoca el cerebro, se vuelve nuestra realidad."

Además de hacer una lista de todo por lo que está agradecido, Achor aprovecha algunos minutos de su mañana para escribir un breve correo electrónico a algún amigo o familiar y decirle cuánto lo aprecia. Incluso puede ser una notita de agradecimiento a algún maestro de la preparatoria. Esto le sirve para establecer desde temprano una forma de pensar amorosa que esté vinculada a otros. "Es mi parte favorita del día, por lo general", explica el autor. El realizar estas actividades antes del desayuno permite que sea más sencillo enfrentar la mañana.

5. Adáptate a las necesidades

La vida cambia y los rituales también. Mi ritual matutino de correr al amanecer se vio interrumpido en el verano, cuando mi embarazo estaba demasiado avanzado para correr con comodidad. Después de que nació Ruth, elegí volver a correr por la tarde, porque a esa hora ya había luz y hacía más calor, y porque nunca podía adivinar a qué hora se iba a despertar ella en la mañana para comer. Por las mañanas, en lugar de correr, me dediqué a tener un desayuno relajado con mis hijos, y quizá leerles algunos cuentos antes de la llegada de mi momento más fuerte de productividad matutina, en el que podía enfocarme en mis proyectos literarios a largo plazo. Sin embargo, en cuanto mi bebé crezca un poco más, espero regresar a mis carreras matutinas, ya que el aire de la mañana me hace sentir que el día está lleno de posibilidades.

Porque, en realidad, eso es lo más asombroso de las mañanas, que siempre te dan la sensación de que tienes una nueva oportunidad de hacer las cosas bien. Achor nos dice que alcanzar una meta nos genera una "cascada de éxito". "En cuanto tu cerebro registra la victoria, te es más sencillo dar el siguiente paso, y luego uno más." La mente humana aprende a ser optimista en cuanto se da cuenta de que las acciones sí importan y tienen repercusiones; o, para ser más precisos, cuando aprende a tener esperanza.

La gente más exitosa sabe que las horas llenas de esperanza, las que corren antes de que la mayoría siquiera se levante a desayunar, son demasiado valiosas para desperdiciarse o emplearse en actividades que no requieren de conciencia y concentración total. Y tú también puedes hacer mucho con ese tiempo. Randeep Rekhi, de Colorado, trabaja de tiempo completo en una agencia de servicios financieros, pero para la hora que se presenta a trabajar, a las 8:00 a.m., ya hizo ejercicio y trabajó en la administración de un negocio complementario: WineDelight.com, la vinatería de la familia. Randeep se levanta a las 5:00 a.m. y va directamente al gimnasio que tiene en su departamento; ahí entrena hasta las 6:00, más o menos. Luego pasa los siguientes noventa minutos en la computadora revisando el tráfico de visitantes del sitio de internet de la vinatería y respondiendo a los correos de los clientes. "Después del trabajo en la agencia, las tardes casi siempre se saturan de eventos para establecer contactos o de cocteles de trabajo, por eso, la mañana es en realidad el único tiempo que, de forma garantizada, puedo tener para mí sin sacrificar otras oportunidades de trabajo", nos explica. Por supuesto, yo lloro sólo de pensar en levantarme a las 5:00 a.m., sin embargo, la verdad es que después de las 10:00 p.m., rara vez hago algo importante. Cada vez que me siento tentada a decir que no tengo tiempo para algo, me recuerdo a mí misma que, si quisiera despertarme temprano, podría hacerlo. Las primeras horas de la mañana están disponibles para todos, en caso de que decidamos aprovecharlas.

Entonces, ¿a ti como te gustaría usar tus mañanas? De la misma manera que sucede con cualquier otra pregunta importante, ésta exige que pienses bien la respuesta y que pases algún tiempo tratando de averiguar lo que de verdad te importa. Pero una vez que lo hayas decidido, verás que los pequeños rituales te ayudarán a lograr grandes hazañas. Anthony Trollope dijo en una ocasión que los hábitos "tienen la fuerza de la gota de agua que agujerea la piedra. Una pequeña tarea diaria, si en verdad se hace con constancia, puede opacar el trabajo de un Hércules espasmódico."

Al reinventar tus mañanas, reinventarás tu vida, y eso lo sabe bien la gente de mayor éxito.

QUÉ HACE LA GENTE EXITOSA

LOS FINES DE SEMANA

LA PARADOJA DE LOS FINES DE SEMANA

Mike Huckabee es un hombre muy ocupado. Es ministro bautista ordenado, pero también fue gobernador de Arkansas y candidato a la presidencia en 2008. No obtuvo la presidencia, pero se volvió un agente de gran influencia para el Partido Republicano, porque se dedicó a reunir fondos y hacer campaña para otros candidatos que tenían la misma visión que él. Huckabee acaba de publicar su décimo libro, es el anfitrión de un programa de radio de tres horas que se transmite diariamente entre semana y los jueves viaja a la ciudad de Nueva York desde su casa en Florida para grabar su siguiente programa para Fox News, *Huckabee*. Creo que uno no tiene que coincidir con este hombre en el aspecto político para darse cuenta de que su horario es agotador, en especial porque el programa de televisión lo graba los sábados y eso lo obliga a tener una semana laboral de seis días completos. ¿Cómo lo hace?

Todo es gracias a los domingos. "Es el día que más descanso y en el que trato de tener un poco de 'Tiempo para Mike'", nos dice Huckabee. "Es casi como correr un maratón porque tienes que pensar que la meta está allá, en algún lugar, y entonces comienzas a visualizarla. Entre semana, en varias ocasiones, comienzo a visualizar el domingo como el día que podré recuperar el aliento. El domingo no estoy apuntado en la agenda de nadie más, ni tengo que aparecer al aire en radio a una hora específica." Desde el momento en que aterriza su avión, a las 7:45 p.m. del sábado, hasta la hora que comienza a grabar un breve *Reporte Huckabee*, el domingo por la noche, "aprovecho el tiempo para recargarme mentalmente."

No obstante, lo que el comunicador describe como un día "de descanso", está muy lejos de ser un período de holgazanería. "Soy una persona muy estructurada y ordenada", dice, y como tiene muy poco tiempo para descansar, siempre es cuidadoso con la forma en que lo ocupa. "Casi nunca me siento a ver televisión", dice. Huckabee siempre tiene un plan. La mañana del domingo se levanta como a las 6:00 a.m. y ejercita en la bicicleta reclinada y en la elíptica mientras lee varios periódicos (lee periódicos impresos en la bicicleta y electrónicos en la elípitica). Luego, él y Janet, su esposa, asisten al servicio de las 10:45 a.m. del centro Destiny Worship, en donde hay música moderna, el predicador es "fantástico", y "si quieres, puedes ir vestido informalmente con *shorts*, al estilo playero". Después del almuerzo, Huckabee llega a la playa de verdad. "El clima casi me obliga a salir de casa", nos explica. Por lo general pasa la tarde "sentado en la playa y escuchando exclusivamente a las gaviotas y las olas que rompen en la costa." A la hora de la cena es común que la familia Huckabee tenga invitados, y que el mismo Mike cocine, ya que, según confesó, lo disfruta muchísimo. Por lo general prepara carne asada o pescado a la parrilla; quizá lomo o costillas en el asador eléctrico. "Es muy agradable, en serio", dice. Y tiene razón porque entresemana cumple con todas sus obligaciones, pero los domingos hace "todo lo que de verdad me gusta."

Después de recargar sus baterías, Huckabee recibe el lunes relajado, fresco y listo para comerse al mundo. Al pensar de qué forma podría describir su filosofía respecto a los fines de semana, nos ofrece dos ideas que parecen contradictorias. En primer lugar, tienes que comprometerte a descansar, a tener un oasis de algún tipo y encontrar tiempo para ti en medio de este frenético mundo. Pero, en segundo lugar, tienes que comprender que el tiempo de descanso es demasiado valioso para tomarlo a la ligera. "No comiences a usar tu tiempo libre sin un plan porque, entonces, lo perderás mientras se te ocurre qué hacer", nos recomienda Huckabee. "Si sabes que quieres leer un libro, entonces sácalo, déjalo cerca y haz el plan de leerlo en verdad. Digamos que lo harás a la una; pues cuando llegue la una, comienza a leer. No esperes hasta que casi llegue la tarde para preguntarte: ¿me pondré a leer o escucharé música? ¿O mejor tomaré un paseo? Si haces eso terminarás sentado durante más de una hora —una hora del poco y valioso tiempo que tienes— tratando de decidir qué harás con el resto de tu día." Para aprovechar los fines de semana al máximo, "tienes que preguntarte, 'Veamos, ¿qué me serviría para realmente, pero *realmente* disfrutar este día, y para salir de la rutina y sentirme complacido?'" Luego di, "Esto es lo que voy a hacer", y en cuanto llegue el momento sé disciplinado respecto al compromiso, y piensa, "Tengo una cita, y es como si fuera una cita con el doctor o un compromiso de trabajo."

Ésta es la paradoja de los fines de semana: "Tienes que hacer una cita para salirte de la rutina, de la misma forma que lo haces para entrar en ella."

La búsqueda del rejuvenecimiento

Después de haber analizado cientos de calendarios y horarios a lo largo de los años, me doy cuenta de que Mike Huckabee tiene razón en algo. Si tu trabajo es muy exigente, es decir, es el tipo de empleo que te obliga a apagar el celular a la medianoche porque, si no, seguirá sonando; que te hace tomar un avión el lunes y volver a casa el jueves con la esperanza de no haber cruzado demasiados husos horarios; o simplemente consume todas tus tardes porque tienes que contestar y recibir correos electrónicos como si se tratara de una balacera, entonces debes comprender que los fines de semana son lo único que impedirá que te desgastes por completo. Para tener éxito en medio de este competitivo mundo, es necesario llegar al lunes sintiéndose fresco y listo para darlo todo, y la única manera de hacer eso consiste en lograr que los fines de semana te rejuvenezcan en lugar de agotarte o hacerte sentir desilusionado.

Increíblemente, muchos tenemos problemas para aprovechar bien los fines de semana; incluso, mucha gente que sabe bien cómo aprovechar su semana, de pronto, descubre que a ella también se le va como agua entre las manos. El sábado y el domingo se nos van en tareas de casa, encargos, revisiones ineficientes del correo electrónico, maratones mal elegidos de programas de televisión, o en actividades con los niños que llegan a convertirse en luchas a muerte y nos despojan de energía porque, como adultos, tenemos que manejar y llevar a nuestros hijos a todos lados. Para aprender a diseñar fines de semana que en verdad restauren nuestra energía, necesitamos pensar de una manera distinta a la que estamos acostumbrados y, en muchos casos, diferente a la primera que tal vez se nos ocurra. Asimismo, debemos usar una estrategia para aprovechar estas horas.

¿Cuántas son? Como ya lo mencionamos, se requiere de una paradoja para aprovechar los fines de semana porque, aunque los podemos prolongar, finalmente no son infinitos como parecería. A pesar de que a algunas personas les agrada la idea de las semanas laborales de seis días como la de Huckabee, la mayoría cree, y me incluyo, que el fin de semana consiste en sábado y domingo; y de hecho, en un poquito más. Entre el momento en que abres una cerveza el viernes a las 6:00 p.m., y el instante en que se activa tu alarma a las 6:00 a.m., el lunes, hay sesenta horas. Esas sesenta horas representan un porcentaje bastante decente de las 168 que conforman toda la semana. Porque, incluso si pasas veinte de esas sesenta horas durmiendo, de todas formas te quedan treinta y seis para rejuvenecer. Si lo piensas, es casi el equivalente a un trabajo de tiempo completo. Es muy importante que veamos las cosas desde esta perspectiva porque, te aseguro que no aceptarías realizar un trabajo de treinta y seis horas a la semana sin antes preguntar qué es lo que tienes que hacer y cuáles son los resultados que se esperan.

Por otra parte, aunque estos bloques de sesenta horas son prolongados, debes recordar que el inventario es limitado. Antes de que tu hijo o tu hija crezcan, sólo tendrás menos de mil sábados para compartirlos con ellos. ¿Y cuáles fines de semana son los que se van con mayor rapidez? Aquellos que son perfectos porque albergan los rasgos más característicos de cada estación de una manera tan precisa, que logran fundirse con tus recuerdos de ese tiempo específico. Aquí en el noreste sólo hay tres fines de semana cada otoño, en los que los árboles lucen en todo su esplendor y presumen sus gloriosos colores antes de que lleguen los vientos invernales y se lleven las hojas arrastrando. Si llegas a vivir ochenta años, entonces sólo tendrás 240 fines de semana para contemplar cómo los árboles de maple adquieren un fulgurante color escarlata, y lo más probable es que ni siquiera llegues a recordar una décima parte de ellos. Estos fines de semana contados se irán independientemente de si planeamos qué hacer con ellos o no. Y aunque siempre parece que habrá otro fin de semana —otro en el que estaremos menos cansados, menos estresados y nuestro espíritu aventurero será mayor—, debes aceptar que el tiempo está muy lejos de ser infinito.

La gente exitosa sabe que los fines de semana exigen más atención de la que les prestas a tus días de trabajo. Cada semana recibes otra oportunidad de aprovechar tu tiempo para ser más feliz, creativo e íntegro. ¿Cómo puedes lograr este rejuvenecimiento? ¿Cómo se pueden organizar las horas del fin de semana para crear, con el tiempo, una vida plena? Esta parte del libro se enfoca en ello, pero debemos comenzar por tener un enfoque ligeramente distinto al que hemos usado para responder a una pregunta muy sencilla.

"¿Qué vamos a hacer este fin de semana?"

Si acaso tu hogar se parece al mío, la pregunta sobre qué se hará este fin de semana no surge sino hasta que ya casi tienes el viernes encima, y a veces, sólo hasta que todo mundo logra abandonar la cama el sábado por la mañana. Si ya pasaste la semana batallando con el tráfico o reuniendo millas de viajero frecuente en tu propio automóvil, lo más probable es que la respuesta a esta pregunta sea: "nada".

Hasta cierto punto, resulta atractivo porque los días de flojera nos imaginamos tirados por ahí en pijama o, como lo escribió John Keats en su poema "Oda a la indolencia", echados sobre "el fresco lecho de hierba florida". Es una imagen muy seductora, siempre y cuando recuerdes que Keats no tenía niños y que vivió mucho tiempo antes de que se inventaran la televisión y el internet. En nuestro mundo de distracción inmediata tenemos que batallar constantemente con las tentaciones electrónicas que amenazan con robarnos nuestro valioso tiempo. El "nada" de los tiempos de Keats significaba contemplar cómo pasaban las nubes, pero el "nada" de nuestros tiempos se refiere a pasar horas arrellanado en el sillón viendo programas que no queríamos ver, revisando sitios de internet que no nos interesaba conocer y leyendo correos electrónicos de una forma ineficiente. Un estudio reciente del Centro de las vidas cotidianas de las familias, de la UCLA, demostró que los adultos de clase media que viven en hogares de Los Ángeles y tienen un ingreso doble, tienen menos de quince minutos de descanso a la semana en sus patios. Sin embargo, contaban con más de quince minutos para descansar, clima envidiable y hermosos muebles en sus jardines o patios. ¿Qué pasa? La gente simplemente no aprovecha lo que tiene. En un mundo en el que vivimos conectados todo el tiempo, hasta los minutos para descansar deben elegirse con cuidado porque, de todas maneras siempre habrá algo que hacer —queramos o no—, y si no prestamos atención al elegir, terminaremos llenando nuestras horas con actividades mucho menos gratificantes que las que en realidad queremos llevar a cabo.

Esta realidad puede ser aún más cruda si tienes pequeñitos en casa. En mi hogar, hacer "nada" de todas formas significa cuidar a tres niños de menos de seis años. Ciertamente, los padres y las madres que permanecen en casa entre semana ni siquiera consideran "no hacer nada", y prefieren organizar sesiones de juego con otras familias e ir a clases de pintura porque, quedarse en casa con niños pequeños y gritones es mucho más cansado que distraerlos con algo más, con una actividad bien pensada y que, idealmente, también sea del agrado de los padres.

Lo que quiero decir con todo esto es que vale la pena prestarle atención a la estructuración de la que habla Huckabee. Creo que esto nos conduce a tomar dos decisiones que, en conjunto, tendrán como resultado fines de semana que te permitirán sentirte rejuvenecido y listo para iniciar los días de trabajo: elegir actividades distintas a las que realizas de lunes a viernes y apegarse a planear con anticipación.

Elige actividades distintas a las que realizas entre semana

Sí, los días de tus fines de semana tienen que ser distintos al resto. Y sí, también necesitas descanso. Ted Devine, director ejecutivo de Insureon, y ex director ejecutivo de Aon Re, usa sus fines de semana para enseñarles hockey a jóvenes, y nos ofrece una analogía que tomó de este deporte. "Tienes que patinar con toda tu fuerza sobre el hielo por minuto y medio, y luego salirte de esa zona y permitir que tus piernas descansen. Si no lo haces, no podrás participar en el siguiente cambio y jugar tan bien como antes", nos dice. Pero yo creo que, dado que los fines de semana Devine enseña hockey en lugar de quedarse sentado en la banca, la mejor analogía es la del "descanso activo" o trabajo en múltiples áreas.

Yo descubrí los beneficios de trabajar en múltiples áreas gracias al aspecto atlético de mi vida. Fue cuando me inscribí para correr el Maratón Big Sur, en abril de 2010. Mi bebé nació a finales de septiembre de 2009 y, aunque seguí corriendo mientras estaba embarazada, mi volumen de kilómetros en el último trimestre y las primeras semanas después del parto era, sin sorpresa para nadie, mucho menor al que recomendaba la mayoría de los planes de entrenamiento. Sabía que si trataba de incrementar el número de kilómetros demasiado pronto, podría provocarme lesiones en las espinillas, rodillas lastimadas y la tendinitis de Aquiles que tanto aqueja a los maratonistas en ciernes. Por suerte, encontré el libro de entrenamiento de Bill Pierce, Scott Murr y Ray Moss, *Corra menos, corra más rápido*. El plan de estos autores propone que uno deje de correr "kilómetros desperdiciados", y que en lugar de eso se dedique a la bicicleta, a nadar o a practicar otros deportes. "Si correr es el único ejercicio que practica, lo que está haciendo es cansar a los mismos músculos todo el tiempo y de la misma manera, lo cual incrementa las probabilidades de sufrir una lesión", explican los autores. "El entrenamiento en múltiples áreas nos permite alcanzar un enorme volumen de entrenamiento del aparato circulatorio sin enfocarnos en un grupo de músculos específico... (El entrenamiento en múltiples áreas) te permite evitar el aburrimiento y el desgaste, y te mantiene vigorizado para el entrenamiento." Yo nunca había corrido más de cincuenta y seis kilómetros a la semana, pero terminé el maratón en condiciones suficientemente buenas para ir de paseo al bosque con mi familia al día siguiente. Este tipo de entrenamiento resultó mucho más benéfico para mí, que si me hubiera quedado tirada en el sofá o si hubiera tratado de correr más kilómetros. Esto explica por qué realizar otro tipo de actividades —ya sea que tengan que ver con el ejercicio, los pasatiempos, el trabajo como padres o las labores de tipo voluntario— sirve mucho más para ayudarte a conservar la energía que necesitarás para enfrentar los desafíos del lunes, que si sólo pasas el fin de semana vegetando o tratando de adelantar trabajo. Anatole France dijo, "El hombre está hecho de tal forma, que sólo puede relajarse de una actividad si realiza otra."

El tema de intercambiar una actividad por otra es uno de los más recurrentes en la famosa serie sobre neoyorquinos famosos, "Mi rutina del domingo", del periódico *New York Times*. Según el perfil que se presentó el 13 de noviembre de 2011, el arquitecto Rafael Viñoly toca el piano varias horas los domingos. "Mis pianos son mi única gran autocomplacencia, pero es que son una necesidad", explica. "El tiempo que toco el piano es prácticamente el único que me puedo abstraer y desconectar por completo del mundo y, también, conectarme... con mi música."

De acuerdo con su perfil, el reconocido chef Marcus Samuelsson juega futbol soccer en el Barrio chino los fines de semana con otros expatriados suecos que conoce. "Realmente no se trata tanto de jugar como de convivir con amigos que tienen el mismo origen", comentó para el periódico *Times*. "Todo se permite en el campo de juego, y por eso es una forma de sacar estrés y decir cosas que no podrías gritar en una cocina." Si Samuelsson no tiene juego, entonces corre unos diez kilómetros en Central Park. "Mientras corro pienso en alimentos", dice; pero sobra decir que, cuando uno suda y se desplaza por amplios senderos para correr, los pensamientos respecto a la comida son distintos a los que se pueden tener en medio de una cocina llena de gente.

Precisamente por este distinto enfoque en la forma de pensar, es que Dominique Shurman, directora ejecutiva de la compañía papelera Papyrus, dice que el ejercicio es "casi un requisito del trabajo. Me permite liberar la tensión y aclarar mi mente. Cuando hago ejercicio, se me ocurren muchas ideas", me dijo. Dominique recorre largas distancias, nada y practica la jardinería, actividad a la que califica como "una salida creativa". "Me gusta trabajar en actividades complementarias." Mientras la ejecutiva mueve y acomoda sus macetas, también estudia las distintas maneras de combinar colores y texturas, actividad muy similar a la que les pide a sus diseñadores que hagan entre semana. "Como eso es lo que hago en mi trabajo, creo que disfruto de la dimensión tangible", explica. "Me relaja."

Por supuesto, a veces el atractivo de hacer algo físico es precisamente que, al ejecutarlo, te ves obligado a reflexionar de una manera distinta en la que lo haces en tu lugar de trabajo. Bill McGowan, corresponsal de televisión y ganador de dos premios Emmy por sus coberturas, nos dice que él es un "gran leñador". Hace cinco años Bill y su esposa se mudaron a una propiedad bastante descuidada en el Río Hudson, en Westchester, Nueva York, y ahí derribaron algunos árboles. "Me gusta tomar esos enormes cilindros de entre medio metro y un metro de diámetro, y cortar leña", dice. Aparte de que es un ejercicio excelente, "me parece que es una experiencia increíblemente zen", comenta Bill respecto a esta actividad tan distinta a su empleo de tiempo completo.

Acoge la anticipación

Aunque tocar el piano, verse con los amigos para jugar un partido de soccer y cortar leña pueden ser actividades espontáneas para la gente más ocupada, me parece que Huckabee está en lo correcto al decir que tienes que hacer una cita para salirte de la rutina de la misma manera que lo haces para entrar en ella. Por ejemplo, si tienes un bebé de tres años, y quieres salir a cortar leña, tienes que asegurarte de que alguien más cuide al niño para que a él no le den ganas de "ayudarte". Lo anterior implica que hagas un plan para el día y que hables con tu pareja o con otra persona que pueda cuidar al niño, o tal vez sólo ponerlo frente a la televisión para que no se acerque para nada al hacha. Si vas a reunirte con los amigos para jugar soccer, todos tienen que saber cuándo y en dónde se verán aunque el partido sea una tradición de mucho tiempo. Joan Blades, cofundadora de MoveOn.org y MomsRising.org, practica este deporte todos los domingos. "Es el mismo juego gracias al cual (mi esposo) Wes y yo nos conocimos hace treinta años", me contó. "Algunos de los jugadores ya tienen más de sesenta años y otros son jovencitos. ¡Es muy divertido!" Pero, por supuesto, Joan nos habla de un encuentro que se produce a cierta hora en un lugar específico. Tocar el piano durante horas, por ejemplo, significa que se debe hacer el compromiso de que, en ese tiempo, no se va a llamar a un cliente que tal vez también esté igual de ocupado, ni se le echará un vistazo a los interminables planes de un proyecto. Si queremos cenar en un lugar agradable, por lo general necesitamos hacer una reservación y, por otra parte, creo que todo padre y madre saben que conseguir una niñera para el sábado por la noche es casi imposible si no tratamos de acordar la cita con ella unos días antes. Asimismo, la asistencia a servicios religiosos a veces exige que nos levantemos y nos arreglemos a cierta hora. Es por esto que si no piensas bien lo que quieres hacer el fin de semana, podrías terminar sucumbiendo ante la excusa de que estás cansado, quedarte encerrado en casa y no hacer algo valioso; y debes recordar que las actividades valiosas y con significado son las que nos proveen energía.

Y con esto llegamos a ese aspecto de los fines de semana al que me he dado cuenta de que la gente se resiste: la noción de que para tener un buen fin de semana se necesita un plan. No se trata de una estrategia desglosada minuto por minuto ni una hoja de cálculo repleta de detalles; sólo tienes que escribir con anticipación algunas actividades divertidas. Varias investigaciones han demostrado que saltarse la etapa de planeación te puede impedir participar en el mecanismo más importante para lograr fines de semana que en verdad te permitan disfrutar.

Daniel Gilbert, psicólogo de Harvard, nos habla sobre este fenómeno en su libro de 2006, *Stumbling on Happiness*. "El mayor logro del cerebro humano es su capacidad para imaginar objetos y episodios que no existen en el ámbito de lo real", nos explica el médico. "El lóbulo frontal, que es la última parte que evoluciona del cerebro humano, la más lenta en madurar y la primera en deteriorarse en la vejez, es una máquina del tiempo que nos permite vaciar el presente y vivir el futuro antes de que suceda."

Este viaje al futuro, conocido también como anticipación, representa un buen porcentaje de la felicidad que nos puede producir cualquier suceso. Al anticipar y anhelar algo bueno que sucederá, llegas a sentir parte de la misma alegría que experimentarás en el momento que el suceso en realidad tome lugar. La diferencia es que, en este caso, la alegría puede durar mucho más. Piensa en el ritual de la apertura de regalos la mañana de Navidad. La actividad real rara vez toma más de una hora, pero la anticipación de ver los regalos debajo del árbol puede prolongar el gozo por semanas. En un estudio realizado por varios investigadores holandeses, el cual fue publicado en la revista *Applied Research in Quality of Life* en 2010, se descubrió que los vacacionistas eran gente más feliz que la que no salía a ningún lado. No es ninguna sorpresa, sin embargo, lo asombroso es el momento en que las vacaciones estimularon al máximo la felicidad. No fue después del viaje cuando los turistas todavía exhibían su bronceado, y ni siquiera fue en el viaje mismo, ya que la alegría de vacacionar siempre viene mezclada con el estrés de los desfases de tiempo, los malestares estomacales y los gritos de los conductores de tren que se escuchan por los altavoces. En realidad, el momento culminante de la felicidad llegó antes de la salida misma y se extendía hasta dos meses de anticipación, tiempo en que los vacacionistas imaginaban sus excursiones. La imagen de bebidas exóticas con sombrillitas y fruta puede producir la avalancha de felicidad de unas minivacaciones, incluso en medio del trayecto a la oficina bajo la lluvia.

La gente lo sabe hasta cierto punto. En un estudio sobre el que escribió Gilbert, se explica que a varias personas se les dijo que habían ganado una cena gratis en un restaurante francés, y cuando se les preguntó qué les gustaría ordenar, la mayoría no quiso decidirlo desde antes. Casi todos quisieron esperar —en promedio, más de una semana—, antes de saborear el anhelo de su espléndido premio, y se esforzaron por optimizar el placer. El ser que experimenta el suceso, rara vez lo disfruta por completo; sin embargo, el ser que sólo lo anhela nunca tiene que ir al baño en medio del concierto de su banda favorita y jamás sufre la agresividad del helado aire acondicionado del cine en donde se presenta la secuela de su película predilecta. El hecho de planear algunas actividades base para el fin de semana es lo que te garantiza el placer porque, incluso si todo llega a salir mal en el momento, de todas formas habrás gozado gracias al proceso de anticipación. Yo adoro la espontaneidad y la recibo con mucho gusto cuando se presenta, pero no puedo apostarle todo mi placer a algo inesperado. Si esperas hasta el domingo por la mañana para hacer los planes de fin de semana, pasarás buena parte del sábado trabajando en la planeación en lugar de disfrutar del anhelo de divertirte. Si llegas al fin de semana sin planes, lo más probable es que no hagas algo que te agrade o quieras. Toda tu energía se perderá en las negociaciones con los otros miembros de la familia. Comenzarás tarde y el museo cerrará sus puertas una hora después de que tú apenas hayas llegado. Tu restaurante favorito estará lleno, e incluso si de milagro llegas a conseguir mesa, piensa que los días previos habrías disfrutado mucho más, si hubieras sabido que la noche del sábado estarías comiendo esas vieiras a las brasas.

Yo soy una persona que planea con anticipación, y gracias a eso, me resulta natural; sin embargo, cada vez que sugiero que organicemos los fines de semana con por lo menos un día o dos de anticipación, sólo escucho gente refunfuñar. ¿Por qué? En primer lugar, a mucha gente le disgusta la idea de planear lo que hará en su tiempo libre. Creo que esto, en buena parte, se deriva de que existe una comprensión pobre de lo que estoy hablando. Una persona comentó en mi blog, "No todo mundo quiere tener plan para todas las horas del año." Pero yo tampoco quiero eso; la vida sería espantosa si los fines de semana también lleváramos un horario laboral de actividades para cada quince minutos. Sin embargo, hay una diferencia muy grande entre planear cada minuto y no planear nada en absoluto. Se trata de una elección falsa. He descubierto que si se describen entre tres y cinco actividades para las más de sesenta horas que hay entre la cerveza del viernes en la tarde y la alarma que se activa el lunes por la mañana, se puede obtener un buen equilibrio. Si realizas tres actividades de tres horas, estarás aprovechando nueve de las treinta y seis que estarás despierto. Eso te deja con bastante tiempo para sentarte en el sillón y, si no tienes tres niños chiquitos, beber un *whisky*; o para ver el programa infantil Backyardigans, si te gusta verlo con tus hijos.

En segundo lugar, creo que la gente tiene una reacción visceral a la palabra "plan", y que esta reacción les hace pensar a todos en actividades que *no quieren* hacer. Llevar tu auto a reparar no es una actividad divertida, a menos que colecciones autos antiguos y tengas un grupo de amigos que se reúnen todos los sábados por la mañana para hacer reparaciones y trabajos de hojalatería en conjunto. Rara vez se escucha a un seguidor del equipo de Filadelfia decir, "Cuate, tengo que ir al juego este fin de semana, pero preferiría quedarme en casa sin hacer nada." A eso me refiero con las actividades esenciales. Los humanos no reaccionamos bien ante el sufrimiento prolongado. Un lector me dijo en una ocasión, "Los fines de semana son muy valiosos y deberían cultivarse tomando en cuenta el disfrute que pueden proporcionar." Cada vez que planeamos actividades divertidas con anticipación, logramos incrementar el placer.

CÓMO PLANEAR UN FIN DE SEMANA

Tomando en cuenta todo lo anterior, llegamos a la pregunta más específica de qué tenemos que hacer para planear el fin de semana. Quizás la mejor manera de formular esta pregunta sería, "¿Qué es lo que más quieres hacer con tu tiempo?"

Tal vez nos surjan ideas vagas, pero lo mejor es tener una buena lista. En *168 horas*, mi primer libro sobre administración del tiempo, le sugería a la gente que hiciera algo llamado la Lista de los cien sueños. Este ejercicio, que compartió conmigo la entrenadora profesional Caroline Ceniza-Levine, te insta a realizar una lluvia de ideas relacionadas con todo lo que te gustaría hacer o tener en la vida. Cada vez que hago el ejercicio con los asistentes a mis talleres, los primeros sueños que se mencionan son cosas como, "ir a conocer las pirámides de Egipto". Sin embargo, al llegar al sueño número cien, comienzan a aparecer fuentes de alegría más cotidianas, las cuales suelen ser excelentes actividades para el fin de semana. Tal vez este sábado no tendrás una cena privada preparada por Alain Ducasse en el Louvre, pero sí podrías permitir que los chiquitines se vuelvan locos en los juegos de la feria de la ciudad mientras papá y mamá se consienten con unas divertidísimas malteadas gigantes.

Sigue escribiendo hasta que tengas una larga lista de sueños realizables. También podrías pensar que es una especie de lista de nimiedades, enfocada en actividades que se puedan llevar a cabo a distancias de no más de dos horas de tu casa.

ALGUNAS DE LAS ACTIVIDADES
DE MI LISTA MÁS RECIENTE DE CIEN SUEÑOS

- Andar en bicicleta en el parque estatal Lehigh Gorge, cerca del sendero Jim Thorpe, en Pensilvania.
- Comer langosta en la bahía cerca de Cabo May, en Nueva Jersey.
- Hacer una caminata larga (o un paseo en bicicleta, arrastrando a los niños en sus carritos) en el campo de batalla de Valley Forge.
- Disfrutar de los viernes nocturnos de museo del Museo de Arte de Filadelfia.
- Cenar en cualquier restaurante que esté en los primeros veintitrés lugares de la lista Zagat.
- Correr durante cuarenta minutos cerca de mi casa.
- Asistir a un buen concierto de música coral.
- Recoger manzanas o fresas con los niños.
- Que mi esposo nos prepare carne asada.
- Invitar a algunos amigos a comidas de verano y pasar un rato en la alberca.
- Visitar los Jardines Longwood los fines de semana de la primavera, cuando los árboles parecen algodones de azúcar.

¿Qué se puede encontrar en tu Lista de cien sueños?

Define actividades base

Empieza a trabajar en tu lista y pídele a tu pareja, a tus hijos o a cualquier otra persona con la que pases los fines de semana, que también elabore una lista. No dejes de añadir actividades, y si te sientes estancado, tal vez te sirva ir a la biblioteca y echarle un vistazo a algún libro que contenga las actividades turísticas más relevantes en tu ciudad. También permítete modificar la lista siempre que sea necesario; es decir, si ya probaste una actividad específica, como recoger fresas, tal vez te des cuenta de que la experiencia te durará toda la vida y no querrás repetirla. También asegúrate de que la lista se encuentre en un lugar accesible porque antes de que llegue el fin de semana podrías platicar con tus acompañantes y decidir que les interesa sacar de la lista algunas actividades, o quizá surjan nuevas oportunidades, las cuales deberás identificar con los momentos más importantes del fin de semana:

Noche del viernes
Sábado durante el día
Noche del sábado
Domingo durante el día
Noche del domingo

La reunión para planear puede ser tan divertida como se te ocurra: una mujer que siempre está muy ocupada me contó que ella y su esposo se sientan a beber una cerveza el viernes para planear el fin de semana; y es obvio que de esta manera se pondrán al día, aportarán ideas sobre lo que harán y beberán cerveza en lugar de tomar esa hora de planeación como una tarea más.

Tu planeación puede ser tan flexible como quieras. "Comida con Joan y Bob en la costa" es una idea perfecta, ya que puedes reunirte con tus amigos y tomar un paseo, echar un vistazo a los restaurantes y elegir el más atractivo. El año pasado, tras graduarse de la universidad, Andrea Wilhelm, especialista en garantía de calidad, de la empresa Epic —Epic es una empresa de *software* para el cuidado de la salud—, se mudó a Madison, Wisconsin. Madison ha aparecido varias veces en la lista de las mejores ciudades estadounidenses para los adultos jóvenes; y Andrea está tratando de aprovechar la ciudad de la forma más sistemática posible. "Me gusta planear sin mucha rigidez porque eso me da la libertad de hacer muchas cosas distintas", dice. La ejecutiva también quiere evitar la sensación de que está desperdiciando su tiempo en la ciudad. "Si me llego a ir de Madison, no quiero voltear atrás y pensar, 'Vaya, me habría gustado visitar ese sitio' o, 'Nunca hice nada de eso.'" Los viernes por la noche Andrea va a distintos restaurantes o bares con sus amigos; los sábados, después de dedicarle la mañana a las clases que toma por internet, y de jugar voleibol un rato al mediodía, asiste a espectáculos y visita distintos centros de entretenimiento de la ciudad. "Soy una persona que disfruta salir; los domingos son geniales para reunirse con los amigos y realizar este tipo de actividades porque le atraen a poca gente." Andrea se refiere a excursiones, paseos en bicicleta y otras actividades similares.

Incluso una "divertida excursión familiar" puede servir como propuesta para el plan. El simple hecho de saber que saldrás de la casa con los niños por la tarde le puede añadir organización a tu día. Laura Overdeck, fundadora de Bedtime Math, y consejera del Liberty Science Center de Nueva Jersey, hace este tipo de excursiones frecuentemente con sus hijos. "Siempre es distinto y, por lo general, atendemos nuestros caprichos dependiendo del estado de ánimo colectivo", explica. "Entre los lugares que más nos gusta visitar se encuentra, por supuesto, el Liberty Science Center, y en el otoño y la primavera, si despertamos y el clima es agradable, vamos a la playa para cavar en la arena, llevo a los niños a recoger manzanas o bayas, o a pasar un rato con los abuelos, quienes por suerte viven muy cerca."

Las tres o cinco actividades que incluyas en la lista pueden ser las que tú quieras, pero las investigaciones sugieren que ya existen algunos maridajes excelentes. El fin de semana de Huckabee, por ejemplo, incluye un rato en la bicicleta, ir a la iglesia y cenar con los amigos. En este caso, la combinación garantiza los máximos rendimientos en diversión. En un estudio realizado entre mujeres trabajadoras de Texas, y publicado en 2004 en *Science*, los investigadores registraron la felicidad de las participantes a lo largo del día. Más allá de las actividades placenteras como comer, relajarse y tener sexo —todas ellas perfectas para el fin de semana—, los investigadores descubrieron que estas mujeres eran más felices cuando hacían ejercicio, se involucraban en actividades espirituales y socializaban. Entonces, ¿por qué no incluir por lo menos una actividad de estas tres categorías? Incluso puedes combinarlas. Lorie Marrero, fundadora de la empresa de organización Clutter Diet, nos informa: "Una de las cosas que comencé a hacer los fines de semana fue aprovechar el tiempo para ponerme al día con mis amigos con el sistema 'pasea y platica.'" Lorie se reúne con un amigo o amiga los domingos por la mañana en un sendero, y camina aproximadamente hora y media. "Es ejercicio, es conversación, y es distinta al típico, 'Vamos a almorzar o a tomar un café'", dice. "Además no tengo que maquillarme y me relaja bastante."

A continuación te presento otros ejemplos de increíbles combinaciones para los fines de semana.

FIN DE SEMANA #1

Viernes por la noche: sesión nocturna de juegos con amigos.
Sábado durante el día: excursión familiar a la playa.
Sábado por la noche: cena familiar en un restaurante cerca de la playa, al cual han querido ir desde hace algún tiempo.
Domingo durante el día: iglesia.
Domingo por la noche: paseo relajado por el vecindario.

FIN DE SEMANA #2

Viernes por la noche: karaoke con amigos en un bar.
Sábado durante el día: un turno de trabajo voluntario en un comedor para indigentes.
Sábado por la noche: concierto en el parque.
Domingo durante el día: carrera larga al mercado local de granjeros y luego retorno a casa en autobús.
Domingo por la noche: clase de yoga.

FIN DE SEMANA #3

Viernes por la noche: cena y película.
Sábado durante el día: excursión con amigos.
Sábado por la noche: fiesta de cumpleaños.
Domingo durante el día: meditación.
Domingo por la noche: cena y baile en la feria itinerante.

FIN DE SEMANA #4

Viernes por la noche: paseo en bicicleta y salida a comprar helado.
Sábado durante el día: comida tipo *picnic* para ver un partido de soccer.
Sábado por la noche: sesión de cocina con los vecinos.
Domingo durante el día: paseo al zoológico.
Domingo por la noche: trabajo voluntario como familia para ir a limpiar el parque local.

Seis secretos para tener fines de semana exitosos

Aquí te presento algunas sugerencias más para tomar en cuenta cuando hagas tus planes.

1. **Busca a fondo.** Sólo porque no has hecho algo en años, no significa que no puedas incluirlo en tu lista de cien sueños. Tal vez hay actividades que no has realizado desde que eras niño y que podrían formar parte de tus fines de semana de manera regular. Una lectora me

cuenta que ella y su esposo decidieron inscribirse para tomar clases de piano los sábados por la mañana. Ahora ellos y su hijo adolescente tienen clases consecutivas. Lo mejor es que resulta más sencillo animar a un hijo a practicar si mamá y papá también lo hacen. A veces nos preocupamos tanto por programar las vidas de nuestros hijos, que se nos olvida organizar las nuestras.

2. **Aprovecha las mañanas.** Se suele desperdiciar las mañanas de los fines de semana, pero en realidad son excelentes para trabajar en objetivos personales. Si estás entrenando para un maratón, para tu familia va a ser mejor que te levantes temprano a hacer tu carrera de cuatro horas, en lugar de que lo hagas a mediodía. Para levantarte temprano tal vez tengas que evitar desvelarte la noche anterior, pero, en general, acostarse temprano también es una buena costumbre.

3. **Establece tradiciones.** Es común que las familias felices tengan una actividad especial para el fin de semana, la cual les agrade a todos pero nadie tenga que planear cada ocho días. Tal vez se trata de los hot cakes del sábado por la mañana o del paseo para asistir a los servicios religiosos. Sea lo que sea, trata de convertir la actividad en un ritual porque los hábitos son los que se transforman en recuerdos y, además, los rituales incrementan la felicidad.

4. **Programa el tiempo de descanso.** Jess Lahey, una maestra y escritora que vive en New Hampshire, estableció en su casa un horario especial para la siesta, entre la 1:00 y las 3:00 p.m. Sus hijos son preadolescentes y tal vez ya no necesitan dormir por la tarde, pero saben que la siesta es inminente y que durante ese rato tienen que apagar la televisión. Entonces juegan, ven una película o leen juntos. Todo mundo apaga su celular, y Jess y su esposo cierran la puerta de su habitación, leen un rato "y luego tomamos una vigorizante siesta. Es el tipo de sueño que me deja un poco desorientada al despertar, pero en cuanto verifico en dónde estoy y qué día es, me levanto recargada y voy a limpiar el jardín o a preparar la cena."

5. **Hazte tiempo para explorar.** Si eliges el vecindario adecuado, cualquier carrera, caminata o recorrido en bicicleta se puede transformar en una aventura con oportunidades para que surja esa espontaneidad que mucha gente cree que se anula al hacer planes. Aprovecha los fines de semana para extender un poco tu rutina.

6. **Planea algo divertido para el domingo por la noche.** Ésta podría ser la sugerencia más importante del libro. Incluso si te gusta tu trabajo, es normal que el domingo sientas un poco de vértigo por las actividades que te esperan el lunes por la mañana. Y, claro, si no te gusta tu trabajo, la angustia de ver que el domingo se acaba

puede provocar que tu noche se torne francamente deprimente. Es cuando te preguntas qué estás haciendo con tu vida y si valdrá la pena.

Si ya te estás haciendo estas preguntas de tipo existencial, tal vez haya llegado el momento de darle un vuelco a tu vida, pero mientras tanto, incluso si sólo te da un poco de flojera pensar en el trayecto al trabajo el día siguiente, puedes combatir la depresión del domingo por la noche con una actividad programada para ese momento. Esto te ayudará a prolongar el fin de semana y a enfocarte en la diversión que tendrás, en lugar de preocuparte por lo que te depara la mañana del lunes.

La bibliotecaria Caitlin Andrews dice que para ella es una "necesidad" acabar el domingo de manera divertida. Casi todos los fines de semana, su gran familia se reúne para cenar en la casa de alguno de los integrantes. "El anfitrión cocina el platillo principal, pero todos los demás llevan complementos como aperitivos, vino, guarniciones o postre. El día que me toca cocinar me siento un poco estresada, pero no tengo que pasar todo el día en ello y mi esposo me ayuda. Además, cada vez que cocinamos, nos queda comida para el resto de la semana. Son sólo un par de horas, ya que nos reunimos como a las cinco, y a las ocho o nueve ya estamos en casa." Esto le deja a Caitlin bastante tiempo para hacer planes y relajarse antes de ir a dormir, por eso le agrada la tradición del fin de semana. "Las reuniones hacen que se me olvide la depresión del domingo por la noche."

Aliza Rosen, productora de *realities* para televisión y realizadora de series como *Farm Kings* y *Curvy Girls*, hace yoga a las 6:00 p.m. los domingos. "Es una excelente manera de sudar las toxinas de la semana y prepararme para el lunes", comenta. "Así me restauro." Aliza acepta que la yoga, para ella, no es una actividad particularmente espiritual. "Mientras practico voy haciendo una lista mental", nos dice; sin embargo, su práctica le ofrece algo que anhelar mientras se acercan los incendios que habrá que apagar el lunes. Tal vez éste era el mismo objetivo que tenía Ina Garten —la chef que es mejor conocida como Barefoot Contessa—, cuando estableció el ritual de tomar un masaje los domingos a las 6:00 p.m. De acuerdo con el perfil que apareció el 1 de julio de 2012 en la serie "My Sunday Routine" del *New York Times*, esta tradición con veintisiete años de antigüedad comenzó en 1985 cuando la chef descubrió que, "Estaba trabajando con mucho ahínco y, un buen día, me dije, 'No me divierto lo suficiente'. Entonces hice dos cosas: me conseguí un Mustang convertible rojo e hice arreglos para que comenzaran a darme masaje. Ya no tengo el Mustang, ¡pero mi masajista sigue siendo la misma!"

Realizar trabajo voluntario es otra manera, igual de excelente, de terminar el fin de semana. No hay nada mejor para olvidarte de los problemas que genera tu trabajo fijo y bien pagado, que servirle a gente que no es tan afortunada. Los experimentados coordinadores del trabajo voluntario saben que para la mayoría de la gente es más sencillo realizar esta actividad los domingos por la noche. Jacob Lee dirige el capítulo de la Hermandad de Cristianos Ortodoxos Unidos para Servir (FOCUS, por sus siglas en inglés), del Condado de Orange, en California. Todos los domingos por la noche los voluntarios sirven la cena, como si se tratara de un restaurante, a familias de indigentes que viven en un motel de la zona. "La del domingo es, por lo general, una noche muerta", explica Lee. "La gente siempre tiene cosas que hacer los sábados, pero ¿los domingos...?" Es como un milagro, pero todo mundo está libre entonces, y gracias a eso, podemos contar con un grupo más diverso de voluntarios, que los jubilados y constructores que se ofrecen en la semana. Después de que los voluntarios sirven la cena, todos se sientan, cuentan sus anécdotas y "descubren por qué esas personas terminaron en aquel lugar", dice Lee. Es una manera de vincularse con la humanidad antes de que todos se enfoquen en sus vidas a partir del lunes.

REDUCE LOS PENDIENTES

Aun cuando planees entre tres y cuatro actividades centrales para los fines de semana, verás que de todas formas tendrás bastante tiempo libre. ¿Qué debes hacer con él? Naturalmente, te puedes relajar o ser espontáneo. Puedes jugar con tus hijos o quedarte tirado en el césped. ¿Pero qué hay de los pendientes? ¿Qué hay de las tareas del hogar, los encargos y el ponerse al día con el trabajo de la semana? La gente exitosa sabe que los mejores fines de semana incluyen una mayor cantidad de actividades que nos agradan, y una menor de los asuntos obligatorios. En esta sección analizaremos tres causas de estrés en el fin de semana: las tareas del hogar, las actividades de los niños y el trabajo que se lleva uno a casa.

Comprime los quehaceres

Si durante la semana pasas demasiadas horas en la oficina o viajas mucho, entonces los fines de semana te parecerán el mejor momento para ponerte al día con los quehaceres. Sin embargo, yo no estaría tan segura de que la realización de tareas del hogar deba ser una actividad relevante los fines de semana.

El problema es que muchas tareas se prolongan y ocupan el tiempo disponible de los fines de semana. Pensemos, por ejemplo, en los víveres y artículos que necesitamos conseguir para el hogar. Algunos artículos son imposibles de sustituir, como los pañales; otros, no tanto. Si vas a la tienda cuando la alacena comienza a verse vacía, comprarás los cereales de siempre para el desayuno, pero, ¿qué pasaría si no fueras? Quizá abrirás por fin esa bolsa de panquecitos ingleses que compraste en Costco y guardaste en el congelador. Que te mueras de hambre es bastante improbable, y, aunque las compras tendrán que hacerse en algún momento, si vas entrada la semana, de todas formas conseguirás lo que necesitas. O, por ejemplo, si vives cerca de una gran ciudad, puedes ordenar tus víveres por internet mientras atiendes una aburrida conferencia telefónica. De esa manera habrás hecho el súper sin sacrificar tiempo de tu fin de semana.

Con el lavado de la ropa sucede algo similar ya que, aunque lo debemos hacer cada semana, siempre tenemos suficiente ropa que ponernos en caso de que dejemos de hacerlo en una ocasión y, además, hay algunas prendas que se pueden volver a usar. En cuanto a la limpieza de la casa, por otra parte, se han escrito tratados completos respecto a la flexibilidad de los estándares. Puedes, por ejemplo, limpiar los baños cada semana y arreglar la cocina cuando parezca zona de batalla, o puedes barrer absolutamente todo cada día. En realidad todo depende de las preferencias o del presupuesto, en caso de que se desee contratar a una persona para que haga la limpieza. Si en lugar del fin de semana usas los días entre semana para hacer los quehaceres, entonces tal vez sólo pases menos tiempo enfocada en esta actividad; el caso es que el tiempo que no ocupes para las tareas del hogar lo puedes aprovechar para realizar actividades más valiosas. Las opciones rara vez son tajantes, pero creo que si tienes que elegir entre dar un largo paseo en bicicleta con tus hijos y pasar todo el día organizando el ático, será mejor que te inclines por tus niños. El fortalecimiento espiritual también es más importante que cocinar y limpiar, y eso se lo hizo ver Jesús a María y Martha en los Evangelios. Consolar a una adolescente después de un difícil baile de preparatoria es más importante que terminar de lavar los platos que están en el fregadero.

Naturalmente, entiendo que para algunas personas comenzar el lunes con los pisos bien trapeados y los cestos de ropa sucia vacíos es un logro importante, de la misma manera que, terminar el día de trabajo con la bandeja de entrada del correo vacía lo es para otras. ¡Algunos incluso me dicen que ni siquiera se pueden relajar si la casa es un desastre! La clave con los quehaceres y los fines de semana radica en no enfocarse tanto en los objetivos medidos o evidentes —como comprar absolutamente todo lo que escribimos en la lista de víveres—, y que eso nos obligue a ocupar energía que deberíamos invertir en nuestros proyectos más valiosos como los que nos sirven para nutrir las relaciones personales, la carrera profesional y a uno mismo.

¿Cómo podemos hacerlo? Define un tiempo breve para hacer quehaceres; puede ser, por ejemplo, el sábado por la noche mientras esperas que llegue la niñera, o la noche del viernes cuando te encuentras entre el final de la cena y el inicio de una película que verás en casa. Sin importar el momento que escojas, si ya lo tienes definido, no te verás en el dilema de limpiar los pisos a otra hora porque, sencillamente, ya tendrás programado cuándo lo harás. Además, si ocupas ese tiempo muerto entre actividades divertidas para hacer algunos quehaceres, estarás más motivado a terminar pronto para dedicarte a lo que en realidad vale la pena.

Vuelve a organizar las actividades de los niños

Otra preocupación común de los fines de semana es la supuesta tiranía que nos imponen los calendarios de nuestros hijos. Los padres se quejan de que no pueden aprovechar sus fines de semana porque los deportes que practican los niños consumen todo el tiempo. Sin embargo, desde una perspectiva numérica, esto rara vez es cierto. Tal vez parezca que el fin de semana está repleto si un hijo tiene un juego de beisbol de cuatro horas, y el otro hijo tiene clases de natación también por cuatro horas; pero el total de ocho horas es menos del veinticinco por ciento del tiempo que permaneces despierto (treinta y seis horas) en un fin de semana de sesenta horas. Creo que lo que hace que parezca que estos eventos consumen tanto tiempo es que las prácticas y los juegos se programan en tiempos específicos e involucran hacer compromisos con otras personas. Es lo mismo que nos hace creer que cualquier conferencia telefónica es mucho más prolongada e importante que pasar una hora desarrollando una idea de negocios, a pesar de que esta última actividad tiene, desde un punto de vista objetivo, mayor prioridad en tu vida. En mis talleres siempre les digo a los adultos que programen las horas que dedicarán a sus mayores prioridades de trabajo como el pensamiento estratégico o actividades creativas, para que adquiramos con estas actividades el mismo nivel de compromiso que tenemos con las conferencias telefónicas en que invertimos tanto tiempo. También es bueno aplicar esta idea a las actividades recreativas. En el calendario, por ejemplo, además de marcar ese juego de beisbol de cuatro horas, escribe: "A las 8:00 a.m. correré diez kilómetros a lo largo del río." Esto te recordará que hay otros momentos del fin de semana a parte de las actividades deportivas de los niños y, además, te servirá para cumplir tus propósitos porque, si se escriben previamente, es más probable que los planes se realicen.

También puedes aprovechar al máximo las actividades de los niños y convertir las salidas en juegos. Prepara una canasta con comida y trata de conocer a las otras familias para que puedas convivir con ellas. Gracias a esta estrategia nunca me molesta asistir a las fiestas de cumpleaños de los niños de menos de ocho años; y es que, vistas desde la perspectiva adecuada, nos dan la oportunidad de desarrollar relaciones personales mientras alguien más mantiene a tus hijos entretenidos. Puedes organizarte con otros padres para llevar a todos los niños a las prácticas deportivas de manera alternada; aprovechar los juegos y las prácticas para tener tiempo de calidad con tus otros hijos, en caso de que sólo uno esté ocupado o, incluso, sólo quedarte en el auto a leer o pensar. Kirsten Bischoff, cofundadora del servicio en internet de programación de horarios HATCHEDit.com, nos dice, "Yo leo completo el periódico *Times* de los domingos. Si no lo hiciera, sentiría que pierdo todo ese tiempo que trabajo como chofer; leer me permite usar el cerebro incluso los fines de semana."

A pesar de que hasta en los periódicos hemos llegado a leer artículos sobre la enorme cantidad de actividades que realizan algunos niños, las investigaciones sobre la forma en que los niños ocupan su tiempo han demostrado que éste es un fenómeno cultural mucho menos importante de lo que mucha gente quiere creer. El niño promedio pasa más tiempo frente a pantallas de distintos tipos, del que invierte en practicar deportes, pasatiempos, actividades religiosas o tarea. El porcentaje de niños que están inscritos en varias actividades en cualquier momento de la semana en realidad es bastante bajo y, además, incluso si sentimos que los fines de semana están saturados, siempre podemos realizar cambios y reducir las actividades al mínimo para enfocarnos en las que tú y tus hijos disfrutan más. En lo que se refiere a aprovechar al máximo el tiempo de descanso, el enfoque profundo y bien dirigido nos puede brindar más felicidad que el enfoque desorganizado que les impide a todos obtener los mayores beneficios.

Establece un día de descanso de toda la tecnología

Respecto a la transgresión que ejerce el trabajo los fines de semana, te diré que siempre recurro al concepto religioso del sabbat, es decir, del día sagrado para el descanso. En la bien conocida narración bíblica, Dios creó la Tierra en seis días, y luego, descansó el séptimo. Por medio de Moisés les ordenó a los israelitas "recordar el sabbat y honrarlo". En muy buena parte de los libros sagrados se describió lo que uno podía o no podía hacer en el sabbat, descripción con la que se define con frecuencia a los judíos ortodoxos en la cultura popular: la prohibición de trabajar y, en muchos casos, de manejar un auto, usar electricidad y realizar otras actividades, desde el ocaso del viernes, hasta el ocaso del sábado.

Los cristianos han considerado, a menudo, que estas reglas son de tipo legal. En Marcos 2:27, por ejemplo, después de que los fariseos se quejan con Jesús porque sus discípulos cosechan granos el día sagrado, éste les explica que, "El día de descanso se hizo para el hombre, y no el hombre para el día de descanso."

Es probable que este tipo de legalidad nos desagrade, en parte, por lo cómodos que estamos. Muchas de las actividades prohibidas, como manejar y comprar, no son tan desagradables. En contraste con esta visión, en Éxodo 23:12 se presenta la regla, "Seis días trabajarás, pero el séptimo día dejarás de trabajar para que descansen tu buey y tu asno, y para que el hijo de tu sierva y el extranjero renueven sus fuerzas." Imagina la brutal vida de un esclavo, y luego piensa en la importancia social de que la gente poderosa crea que Dios la juzgará por obligar a sus siervos a trabajar sin descanso.

Es posible que la gente que tiene empleos demasiado exigentes aprecie esta forma de pensar porque no se necesita ser religioso para ver los beneficios de descansar del trabajo por lo menos un día a la semana. Quizás el día de descanso se hizo para el hombre y, además, resulta que el hombre también necesita restaurarse. El escritor Joshua Foer le confesó a Gretchen Rubin —mediante su blog Happiness Project— uno de sus secretos más importantes para la felicidad, "Yo respeto el sabbat judío, pero no es algo que acostumbraba hacer cuando tenía dieciocho años. Cada semana apago todo durante veinticuatro horas. Me quedo sin correo electrónico y sin celular; y no hago nada. No destruyo nada. Sin importar cuánto estrés haya en mi vida, la noche del viernes me olvido de todo."

Rinna Sak vive en Toronto y es socia de una importante agencia de contabilidad. Es judía ortodoxa y respeta el sabbat. "En mi ámbito de trabajo es muy común que, en las temporadas de mayor actividad, la gente trabaje siete días a la semana", dice. Esto sucede durante dos o tres meses. Cuando "acababa de salir de la universidad, me era difícil enfrentarme a los gerentes superiores y decirles, 'los sábados no puedo trabajar'. Era un asunto muy delicado." Pero, la cuestión es que, al igual que los israelitas no se murieron de hambre a pesar de que el séptimo día no cayó maná del cielo, "Yo no dejé de hacer las labores que me correspondían. De hecho, a veces hacía incluso más que mis compañeros de trabajo." Rinna siempre obtuvo las mejores calificaciones y trabajó en equipo mucho menos horas que los demás. La ejecutiva le atribuye su éxito a su semana laboral reducida. "Yo sabía que el viernes a las 4:30, saldría del trabajo; y no perdía el tiempo en tonterías. Estaba consciente de que había quienes sí lo hacían, pero para mí era claro que tenía que cumplir con ciertos objetivos y, por eso, mi enfoque era absoluto. Hay gente que no puede apegarse a esa rutina. Uno no puede enfocarse siete días a la semana, doce horas al día." Es por esta razón que, a medida que Rinna fue ascendiendo en el escalafón laboral, "Lo convertí en una regla en todos mis empleos: todo mundo tiene un día de descanso el fin de semana. Gracias a esta estrategia mis equipos siempre han funcionado a un nivel óptimo. Y es porque la gente tiene tiempo para liberar el estrés."

Alejarse de la computadora, el celular y el estrés laboral, nos da tiempo para otras cosas en la vida. Los sabatts de Rinna Sak se parecen bastante más al entrenamiento en múltiples áreas del que hablamos anteriormente, que al descanso absoluto, porque los sábados se realizan servicios religiosos y reuniones para comer con los amigos. Los padres en realidad nunca descansan de las actividades relacionadas con la crianza de los niños y, como Rinna tiene tres pequeñitos, eso significa que, un día de descanso "en verdad no es de descanso." Lo bueno del sabbat, sin embargo, es que, durante el tiempo que mamá tendrá libre de trabajo, los niños no podrán encerrarse en sus cuartos a jugar con videojuegos. El descanso tecnológico de veinticuatro horas implica que la familia tiene que pasar tiempo junta. "Este descanso te fuerza a tener un tipo distinto de relación con tu cónyuge, tus amigos y tus hijos", nos explica. Si por ella fuera, tal vez trabajaría todo el tiempo, pero mientras contesta a la pregunta "¿A Dios realmente le molestará si uso mi BlackBerry?" con "Quizás no", la verdad es que el descanso tecnológico "crea forzosamente un ambiente ese día para mí", y ese descanso es lo que hace posible que Rinna tenga una carrera exitosa y una familia feliz.

Pero aunque tu religión no te imponga prohibiciones en relación al trabajo, podrías buscar momentos del fin de semana en los que te propongas no revisar los aparatos electrónicos. Mucha gente exitosa termina trabajando los domingos, sin embargo, en las entrevistas que realicé, me sorprendió descubrir que muchos trataban de mantener bajo control el uso de aparatos. Harsh Patel, quien se desempeñó durante una temporada de dos años para Teach for America en la escuela particular subvencionada PFC Omar E. Torres, en Chicago, me dijo, "Al volver a casa del trabajo el viernes, no quería hacer nada, y no lo hacía, pero luego descubrí que los sábados por la mañana dormía demasiado y desperdiciaba el tiempo, por lo que comencé a levantarme más temprano para terminar mi trabajo, lo cual me permitió desde entonces hacer lo que se me diera la gana —y sin preocupaciones— la noche del sábado y el domingo." Esta estrategia también mantuvo a Harsh "suficientemente cuerdo para dar clases durante dos años."

Bill McGowan, el corresponsal de televisión, nos dice, "Los fines de semana trato de no revisar mi correo electrónico cada hora y media." En lugar de eso, al igual que Harsh Patel, Bill se levanta temprano los sábados para atender algunos asuntos. Prepara café para él y para su esposa, y luego, "Tengo un lugarcito de verdad lindo y disfrutable en nuestra terraza. Llevo ahí mi café y la *laptop*, y, como entre 7:30 y 8 a.m., sólo me concentro y trato de responder todos mis correos." Y como el tiempo en ese lapso no es tan fragmentado, "Pienso de una manera un poco más creativa respecto a los nuevos negocios en los que puedo involucrarme." Estas sesiones de trabajo ininterrumpidas son mejores gracias a lo agradable del panorama: "Levanto los ojos de la pantalla y veo un carpintero." La brisa es agradable y "trato de que el lugar permanezca tranquilo y lleno de paz." Bill sabe que si se ocupa del trabajo pendiente en un período breve pero eficiente, "elimina la irritación que permanece en algún lugar de tu mente durante todo el fin de semana." Y por cierto, muchos de los correos que escribe el corresponsal permanecen en la carpeta de borradores y, de esa forma, evita que la gente le envíe más correos ese mismo día más tarde con la idea de que recibirá respuesta. "No quiero fomentar la noción de que trabajo siete días a la semana. En realidad los correos siempre los envío hasta el lunes por la mañana", explica.

De la misma forma que sucede con los quehaceres, el hecho de comprimir el trabajo profesional en un lapso breve los fines de semana te permite relajarte el resto del tiempo porque sabes que hay un momento definido para trabajar. El resto lo puedes ocupar como si fuera sabbat. Al no tener las distracciones que presenta el internet, verás que te llegan muchas más ideas a la mente. A mí en particular me sucede que, cuando estoy en la iglesia, se me ocurren muchísimas cosas. No es que vaya a la iglesia a hacer mi sesión de lluvia de ideas, pero la oportunidad de sentarnos y estar quietos durante un rato en medio de este mundo de distracciones no se presenta con facilidad. ¿Cuál es el mayor desafío a la hora de desconectarse? En la era de los teléfonos inteligentes existe el correo electrónico vía celular. Tal vez te gusta la idea de mantener tu celular cerca para que tu hija adolescente te pueda llamar para que la recojas de casa de su amiga, pero en cuanto ves el teléfono te das cuenta de que tienes mensajes nuevos. Resulta muy tentador hacer una revisión rápida, pero esto rompe el encanto. ¿Qué se puede hacer? Si te das cuenta de que tu espíritu tiene voluntad pero la carne es débil, oculta el icono del correo electrónico para que no puedas ver que recibiste mensajes.

CÓMO GANARLE A LA SEMANA

En la sección sobre cómo planear los fines de semana hablamos acerca de la importancia de programar algo divertido o valioso las noches de domingo. Esta acción nos sirve para prolongar el fin de semana y permite que nuestra mente se enfoque en la placentera actividad que realizaremos, en lugar de concentrarnos en las dificultades laborales que nos esperan el lunes por la mañana.

Sin embargo, antes de que invites a tus amigos a cenar temprano, realices trabajo voluntario con Jacob Lee en el motel del Condado de Orange o pidas un masaje como el de Barefoot Contessa, todavía hay algo más que debes hacer para asegurarte de que tu fin de semana sea maravilloso: toma algunos minutos para planear la semana. No sólo programes lo que *tienes* que hacer, sino lo que también *quieres* hacer.

En *The 7 Habits of Highly Effective People*, el ya fallecido Stephen Covey describió lo anterior como "poner las cosas importantes primero". Covey sugiere un ejercicio en el que se debe pensar en los papeles que te importa desempeñar. Por ejemplo, yo soy escritora, esposa, madre, corredora, amiga y presidenta voluntaria de la mesa directiva del coro Young New Yorkers. Si tu lista empieza a ser demasiado larga y difícil de manejar, puedes comprimir los papeles en las categorías más importantes: carrera profesional, relaciones personales y uno mismo (esta última incluye ejercicio, pasatiempos y cualquier actividad que vigorice tu alma). Luego piensa en las dos o tres prioridades principales de cada área que te gustaría lograr en las siguientes 168 horas; en primer lugar, integra estas prioridades a tu calendario y, en cuanto lo hayas hecho, notarás algo importante. Para empezar, si integras entre seis y nueve prioridades en una semana de 168 horas, de todas maneras te quedará bastante espacio, y luego, si lograras todos esos objetivos, tendrías una semana completamente asombrosa. Frank Baxter, quien fue director ejecutivo del banco de inversión Jefferies y embajador en Uruguay, hace el ejercicio "Las cosas importantes primero" de Covey casi todas las semanas, y dice que es "invaluable". Los domingos se sienta y revisa el calendario para "darle preferencia al período que se acerca y dejar espacio para ser flexible y poder atender lo inesperado."

Dominique Schurman, directora ejecutiva de Papyrus, también aprovecha las tardes de domingo para "planear, reestructurar y organizarme para la siguiente semana." En cuanto ésta da inicio, "las actividades simplemente comienzan a llegarme", y por eso Dominique necesita tener en mente sus prioridades y hacer una estrategia de batalla para definir cuándo deberá lograr cada meta. "De otra manera se me va el tiempo atendiendo esas necesidades de otros que transgreden mi tiempo."

¿Cuáles deben ser las prioridades? Naturalmente, las que tú quieras; sin embargo, he descubierto que lo mejor es tener objetivos semanales relacionados con las metas a largo plazo.

Digamos, a doce meses: pensemos en todos esos logros que mencionarías en un reporte de desempeño de fin de año o en algún documento de ese desdichado género literario conocido como: la carta familiar de Navidad y Fin de año. Trata de escribir un reporte de desempeño y la carta familiar para diciembre, en enero. Cuando termine el año, ¿qué te gustaría decir que lograste en las categorías más importantes de tu vida? ¿Qué metas te gustaría alcanzar en relación a tu carrera, relaciones personales y a ti mismo? Luego divide los objetivos en pasos más pequeños y trata de incorporar por lo menos uno de estos pasos en tu plan de cada semana.

Resulta conveniente hacer esta planeación el domingo porque, si te levantas el lunes y no tienes idea de lo que pasará, podrías, sin darte cuenta, perder todo el día tratando de definir lo que vas a hacer. Recuerda que si en lugar de entregarte a tus tareas antes de perder el enfoque, te dedicas a tomar decisiones, gastarás fuerza de voluntad en el proceso. En mi caso, tener una lista de prioridades para el lunes y los días siguientes me ayuda a terminar bien el fin de semana e iniciar la nueva semana con propósitos claros. Además, de esta manera dejo de andar dando vueltas, y si acaso lo hago, al menos doy vueltas que me permitirán progresar.

TODO LO QUE HAY

En medio de todas las ocupaciones que tenemos en la vida diaria, nos puede parecer que siempre habrá otro fin de semana, pero, al igual que todo lo demás, el tiempo se acaba. Si llegas a los ochenta años, tendrás un total de 4 160 fines de semana que incluir en tu biografía, pero, probablemente, hay un número similar de cosas que te gustaría hacer o vivir en tu vida. Algunas personas esperan que lleguen las vacaciones para hacer lo que les gusta, pero es difícil cumplir todos tus deseos y alcanzar tus metas en sólo dos o tres semanas al año. Por otra parte, como a menudo llegamos al fin de semana abrumados, el impulso de no hacer algo de provecho nos infunde la sensación de que, como lo describió uno de mis lectores, estamos desperdiciando nuestras vidas.

Comencé a reflexionar más sobre este tema porque recientemente leí una serie de ideas sobre "cómo simplificar la Navidad". Los expertos y los representantes de las empresas decían que para cuando llegan las fiestas nos encontramos tan desgastados por el trabajo y tan explotados, que deberíamos adaptar las celebraciones a nuestras necesidades. Es decir, hay que relajarse y aminorar la marcha. No tienes que cocinar, dar fiestas ni rizar los lazos de todos los regalos amontonados debajo de lo que debería ser un árbol minimalista.

Al leer esas ideas me di cuenta de que era cierto, que debemos moderarnos. En efecto, no tiene caso retacar las fiestas con actividades que no te brindan alegría y artículos costosos que nadie quiere.

No obstante, si tienes niños, sabes que no habrá muchas navidades para verlos bajar corriendo en la mañana a descubrir lo que les trajo Santa Claus. Tampoco van a querer cocinar contigo siempre, ni tirar la harina sobre la barra de la cocina de tanta emoción. Llegará el momento en que tampoco les interesará si pones un árbol gigante, si sales a cantar villancicos o si preparas chocolate caliente. Tan sólo te permitirán disculparte por estar cansada y no querer salir a hacer un hombre de nieve. Habrá sólo unos cuantos inviernos, y en ellos, tan sólo unos cuantos días, en los que todos estarán en casa mientras afuera nieva, y tus hijos querrán salir contigo a jugar. Algún día, quizás, contemplarás la nieve desde el austero cuarto de un hospital o un asilo, y soñarás con aquellos días cuando salir a hacer hombres de nieve con tus hijos todavía era posible. Lo anterior nos conduce a un tipo de asunto distinto al de simplificar las fiestas. Me refiero a, ¿para qué estás ahorrando energía? Porque, en realidad, *esto es todo lo que hay*. Te podría suceder cualquier cosa y, entonces, ya no habría más hombres de nieve para ti. Así que despabílate, sé dramático, gasta tu energía ahora.

Con los fines de semana sucede lo mismo porque son versiones en miniatura de las fiestas y vacaciones que tanto tratamos de aprovechar. Claro que siempre es más sencillo hacer "nada" (o hacer cosas sin valor o sentido), y sólo cumplir con las tareas pendientes. Al vernos liberados de los horarios del trabajo y la escuela, sólo deambulamos; y como no pensamos con anticipación lo que nos gustaría hacer con nuestro tiempo, terminamos viviendo una versión restringida de la cotidianidad.

Pero podemos elegir. Esto que lees lo estoy escribiendo un día después del fin de semana del Día del Trabajo; es un martes lluvioso y lúgubre, mi patio trasero está convertido en una mezcla de verdor. Las hojas, sin embargo, ya se están poniendo amarillas y tienen moteados los extremos. Septiembre trae consigo la melancólica sensación de que el tiempo va pasando. Mi hijo mayor ya se fue al kínder, el de tres años comienza el preescolar, e incluso la más pequeña se va convirtiendo todos los días en una pequeñita que ríe y da tumbos en sus intentos por empezar a caminar. En las fotos del Día del Trabajo del año pasado, mi nena era solamente una protuberancia redondita en mi vientre, ahora ya conocemos a la dulce y traviesa bebé que alguna vez se ocultó en mi redondez.

No había planeado nada en especial para el fin de semana del Día del Trabajo pero me pareció que sería una pena no sacarle hasta la última gota de jugo al verano, y por eso, terminamos haciendo una excursión a la costa y las montañas por Ocean City, Maryland, con sus ruedas de la fortuna y sus margaritas; luego hacia los campos de batalla de Manassas, en Virginia y, finalmente, al parque nacional Shenandoah. En nuestro paso por la carretera Skyline nos detuvimos para caminar por cualquier sendero de menos de tres kilómetros que los niños pudieran andar. Los pequeños se deleitaron al correr súbitamente por las rocas en una de las cimas; contemplaron los prados verdes, las pacas de paja y las siluetas de las otras montañas cubiertas de las sombras de las nubes.

Siempre es difícil viajar con niños pequeños, siempre hay altibajos y, con frecuencia, suceden el mismo día y a la misma hora. Sin embargo, al mirar por el espejo retrovisor a esa Laura que pasó cuarenta minutos tratando de hacer que la bebé se acostara en su cunita portátil, la sustituye la Laura que recuerda y que transformó lo que pudieron ser días no aprovechados y poco memorables, en recuerdos diseminados en la memoria. Estos recuerdos están ahora ahí para nutrir el cerebro en medio del trabajo de la semana, para fortalecer el alma en los años por venir, cuando la excesiva actividad del ahora le dé paso a una vida más apacible, tan acallada como un parque de diversiones en época escolar, cuando los juegos para los pequeños ya fueron empacados después de que el fin de las vacaciones vació la costa.

Lo que la gente más exitosa sabe acerca de los fines de semana es que la vida no puede suceder exclusivamente en el futuro; no puede esperar hasta el día que estemos menos cansados u ocupados. Si trabajas demasiadas horas, entonces los fines de semana serán la clave para que puedas sentir que tu vida es más amplia que tu identidad profesional, incluso si te tomas esa identidad demasiado en serio. El maratonista sabe que los días de descanso y los de entrenamiento en múltiples áreas sirven para incrementar las posibilidades de obtener logros físicos. De la misma manera, la mente necesita seguir caminos distintos; para negociar con más astucia ese trato de negocios, primero necesita esforzarse para convencer a un niño nervioso de que tiene que hacer burbujitas al respirar en la alberca. Al mismo tiempo que reúnes la fuerza de voluntad para pedalear en esa última colina, también desarrollas la disciplina indispensable para dirigir un grupo escolar con ecuanimidad o para consolar a un paciente en los últimos minutos de un largo turno de trabajo. De las 168 horas que tiene la semana, debemos considerar que las que corresponden al fin de semana son distintas y valiosas, y de esa forma, podremos recargar nuestras baterías y llegar al domingo listos para comenzar de nuevo.

QUÉ HACE LA GENTE EXITOSA

EN EL TRABAJO

INTRODUCCIÓN
EL SECRETO PARA LOGRAR UNA PRODUCTIVIDAD ASOMBROSA

Cualquier persona que haya paseado una de las primeras noches de enero de 2013 en lo profundo de la provincia de Burdeos, en Francia, pudo haber visto algo muy peculiar a través de la ventana iluminada de un estudio: una mujer de cabello negro que trazaba dibujos en tinta de la tundra de Alaska.

Afuera de la casa en que, excepto por el estudio, no había otra habitación iluminada, el panorama era bastante apacible. Sin embargo, en el interior había mucho ruido. La artista LeUyen Pham pinta y dibuja mejor con la televisión o la radio encendida, "necesito algo que ocupe el hemisferio derecho de mi cerebro", explica. "Si pienso demasiado, entonces mis pinturas resultan horribles. Lucen demasiado analizadas." Por la tarde, su dieta de medios de comunicación consiste en ver repeticiones de *Seinfeld* o *Mad Men*, y en la noche, por lo general ve NPR, transmisiones que llegan gracias a la magia de la tecnología a su hogar temporal en la zona rural de Francia, lugar al que se mudó con su esposo y sus dos hijos de dos años en el verano de 2012. Esa noche en particular, LeUyen tenía dos iPads encendidas al mismo tiempo: una para ver una película y la otra para "buscar cosas que podría necesitar de último minuto, cómo lucirá cierta tela, o cómo son los escondites de los alces."

Éste era el tipo de autenticidad que LeUyen necesitaba para realizar los retratos del personaje ficticio llamado Bo: una pequeña que creció en un pueblito junto al río Yukon en la década de los veinte. Dicho lugar se podía ver en los cientos de fotografías antiguas que llenaron el estudio de la artista desde que aceptó participar en el proyecto para ilustrar *Bo at Ballard Creek*, un libro breve en capítulos para niños de Kirkpatrick Hill. El libro debía publicarse en junio de 2013, por lo que la ilustradora tenía que trabajar a toda velocidad antes de llegar a su fecha límite de entrega. "Por lo general, los días que no tengo entregas pendientes, funciono mejor entre las nueve y las once de la mañana; es el momento en que me puedo concentrar más en mi trabajo", dice. "Sin embargo, cuando estoy cerca de una fecha de entrega, mi mejor momento llega a las once de la noche porque a esa hora no hay absolutamente ninguna distracción. Es cuando uno está de verdad encadenado al restirador." La ilustradora hace una pausa y luego dice, "De cierta forma es agradable."

A LeUyen le cautivó tanto la historia campirana que se desarrollaba en el extremo norte, que a pesar de que sólo fue contratada para hacer una ilustración para cada capítulo, propuso muchísimas más —"es un cuento estupendo", dice—, y al editor le encantaron. Por eso, noche tras noche de enero, se sentó en su escritorio para iniciar un nuevo turno y sacar energía de sus propios dibujos. En momentos así, "Siento como si estuviera en el cielo", comenta la ilustradora. "No me doy cuenta de qué hora es ni me siento cansada…" hasta que el bostezo de las primeras horas de la madrugada le hacen notar que sí lo está.

Agotada o no, el de LeUyen es un horario desgastante. Desde que comenzó su carrera en DreamWorks, y luego, cuando decidió seguir por su cuenta, LeUyen Pham se fue convirtiendo en una de las ilustradoras de libros infantiles más prolíficas del ámbito. En la actualidad realiza entre ocho y nueve títulos al año, incluyendo libros de cartón en formato pequeño para bebés como *Whose Toes Are Those?* De Jabari Asim, libros completamente ilustrados como los de la serie *Freckleface Strawberry* de la actriz Julianne Moore, y libros breves en capítulos como *Bo at Ballard Creek*. "Sé que es una cantidad brutal de trabajo, y en realidad no conozco a muchos ilustradores que hagan tantos libros", nos dice, tomando en cuenta que un libro infantil de treinta y dos páginas puede requerir, en esencia, treinta y dos pinturas perfectamente terminadas y con calidad para mostrarse en galería. Para la mayoría de los ilustradores, entre cuatro y cinco títulos al año serían suficiente trabajo, y por eso, "Trabajo en varios proyectos al mismo tiempo", dice LeUyen. "Invariablemente."

A pesar de la cantidad de trabajo que tiene, la ilustradora mantiene estándares muy altos. ¿Cuál es su secreto? Para empezar, es muy cuidadosa con su tiempo. "Por supuesto, cuento las horas una por una", dice. Revisa constantemente su trabajo para identificar "lo que produje en media hora, en una hora… el trabajo se hace en medias horas, horas, días y semanas." Asimismo, establece metas para todos esos períodos; por ejemplo, se da a sí misma el tiempo que dura un episodio de Seinfeld (veintidós minutos más comerciales) para acabar un dibujo específico.

Ese conocimiento tan profundo de su tiempo le permite a LeUyen describir con presteza cómo es su día típico de trabajo. Se despierta como a las 6:00 a.m., trabaja en bocetos de miniaturas que le ayudarán a planear lo que pintará o entintará más tarde. También se enfrenta a todo el trabajo administrativo como los correos electrónicos con sus editores y asuntos similares. Sus hijos se levantan aproximadamente a las 7:30, y entonces juega con ellos y le ayuda a su esposo a hacer lo necesario para que los niños puedan salir de casa y llegar a la escuela. Luego, a las 8:30, regresa a trabajar; hace más planeación y reflexión mientras todavía está fresca. Como a las 10:00 cambia la actividad y realiza pinturas con base en los bocetos en miniatura; es entonces que pone capítulos de *Seinfeld* y otros programas similares, hasta las 4:00 o 5:00 p.m. En ese momento trata de comunicarse con la gente que vive en la Costa Este y, después de eso, vuelve a prestarles atención a sus hijos; juega con ellos y cena. Antes de acostarlos les lee un cuento; a veces es uno que ilustró, pero también aprovecha para echarle un vistazo a la competencia, y luego vuelve al trabajo para iniciar el tercer turno. Cuando el pastoril panorama del paisaje de Burdeos ya casi está en la penumbra en el exterior de la casa de LeUyen, ella comienza a hacer arte casi por instinto. "Es como correr un auto de carreras hacia un lugar que conoces tan bien, que ya ni siquiera miras por dónde conduces", explica.

Por supuesto, la habilidad que posee para invocar ese instinto se debe a sus otros secretos para tener una productividad asombrosa. LeUyen se da tiempo para mejorar en su oficio, actividad que, según nos dice, valora "con cada proyecto que obtengo. Tengo muchos estilos diferentes y me gusta cultivar esa capacidad. Cuando comencé en este negocio, la gente me decía que tenía que desarrollar un estilo propio con el que se me pudiera identificar, y que eso me daría más trabajo. Sin embargo, eso nunca me emocionó porque es muy aburrido pintar siempre de la misma manera. Sí, claro, uno se vuelve mejor en un solo estilo, pero también se harta de él." También "hubo otros artistas que me advirtieron sobre el daño que me podría ocasionar desarrollar un estilo definido." Cualquier estilo o forma de pintar puede pasar de moda, pero si uno continúa estudiando y se hace diestro en la disciplina, siempre es posible desarrollar y aprender nuevos estilos. "Es mucho trabajo adicional, pero también es como reinventarte para cada libro nuevo", señala la ilustradora.

En pocas palabras, LeUyen aprendió a ser creativa porque así lo exigía su trabajo. Aun cuando está demasiado cansada o su trabajo se ve interrumpido por asuntos familiares, continúa desarrollando tácticas que mantienen su cerebro al día. La ilustradora está más allá de lo que hacen otros artistas; cada vez que inicia un nuevo proyecto, investiga cosas como la apariencia de las guaridas de los alces y de la tela de Alaska, y de esa forma, logra que la estética del universo que va a pintar se filtre en su conciencia. Y cuando todo eso falla, recurre a todavía más trucos que tiene guardados bajo la manga. En diciembre de 2013, mientras ponía al día un libro llamado *There's No Such Thing As Little*, LeUyen se enfrentó a un bloqueo del que sólo pudo salir poniéndose a hacer adornos navideños. "Cuando vinimos a vivir a Francia se nos olvidó traer los adornos de navidad", explica. Por eso convenció a sus impulsos creativos de enfocarse en fabricar decoraciones para las fiestas: cuarenta esculturas de haditas hechas con piñitas de pinos y minuciosamente diseñadas; varios Santa Claus y ángeles de corcho. La ilustradora pintó un rostro sobre avellana, le pegó felpa y fabricó un vampiro. "Me sorprendió mucho ver lo bien que salió el árbol", dice. También terminó el libro y, como le acababan de ofrecer un trabajo para ilustrar un libro sobre los doce días de Navidad, sus horas rindieron el doble porque ya contaba con los diseños de sus propios adornos navideños.

Efectivamente, las horas de LeUyen parecen multiplicarse. Siempre está aprendiendo nuevas formas de ilustrar y trata de absorber lo que la rodea. Incluso una visita al café del pueblo se puede convertir en arte, tal como le sucedió con otro libro infantil que saldrá en el verano de 2013, llamado *The Boy Who Loved Math*, que se trata del legendariamente prolífico matemático PaulErdös. Cuando LeUyen recibió el manuscrito, dijo, "No soy la persona adecuada." Sin embargo, intrigada tan sólo por la cantidad de trabajo producido por Erdös, se dispuso a aprender todo respecto a aquel hombre y su obra matemática. De pronto descubrió que le encantaba la idea de usar las propias demostraciones matemáticas del estudioso para realizar las ilustraciones. En uno de los problemas matemáticos de Erdös se buscaba la respuesta a cuántos cuadrados de distintos tamaños podrían caber en un cuadrado más grande; en una página, el texto explica que Paul no encontraba la manera de pertenecer al mundo, que era distinto a todos los demás. Luego LeUyen pintó a gente sentada en un café, y cada persona ocupaba un cuadrado de distinto tamaño. Erdös estaba en un pentágono. Y aunque los cuadrados y las demás formas fueron idea de él, la del café fue una invención que se le ocurrió a LeUyen mientras deambulaba por Francia. "Todo, absolutamente todo lo que me rodea, llega de alguna manera a tener un lugar en mi obra", dice.

Lo que hace posible que la ilustradora sea tan prolífica es que sólo acepta trabajo que la desafía, como *Bo at Ballard Creek* o *The Boy Who Loved Math*, y que le permite disfrutar del avance progresivo hacia una meta que ella cree que es importante. Cuando le pregunté si elegía cuentos que imaginaba que los niños gozarían, se rió. "Me encantaría decir que así es, pero lo que siempre me atrae primero es que sea un proyecto que a mí, en lo personal, me encantaría realizar", explica. "Como tengo una mente muy infantil y a mis hijos parecen agradarles las mismas historias e ideas, doy por hecho que a los otros niños les gustarán", pero, al final, la ilustradora elige el trabajo que le atrae por sí mismo. Eso es lo que hace que sean posibles casi todos los milagros; su producción se incrementa año con año. Cuando sus amigas y amigos comenzaron a tener hijos, nos explica, muchos tuvieron crisis de identidad y se cuestionaron si su trabajo valía tanto la pena, pero en su caso, en lugar de dar pasos hacia atrás, avanzó y, además, también pasa una muy buena cantidad de horas con sus pequeños. "En realidad no me importa mucho cuánto tarde en la obra, siempre y cuando esté segura de que lucirá impecable."

...

A lo largo de los años he entrevistado a mucha gente respecto a su empleo y los horarios cotidianos, pero siempre vuelvo a LeUyen Pham, en parte, porque me agrada conversar con ella, y porque su trabajo resulta fascinante para cualquier amante de los libros como yo, pero también porque me parece que identifica con mucha claridad tanto el esfuerzo que se requiere para triunfar, como el gozo que puede ofrecer el trabajo. Es una combinación peculiar, y por eso, la cabeza me da vueltas de emoción cada vez que vuelvo a platicar con ella por teléfono.

Por supuesto, muy poca gente se gana la vida dibujando matemáticos o chicas que vivieron en Alaska durante la fiebre del oro, por eso imagino que tus días de trabajo son un poco distintos a los de LeUyen. Los ilustradores de libros infantiles se desempeñan de una manera distinta a la que lo hacen enfermeras, granjeros, maestros, empleados de la oficina postal, vicepresidentes corporativos y cualquiera de los otros oficios o carreras que existen entre los siete mil millones de almas que hay en el mundo (hecho que se soslaya en muchos libros obsesionados con la productividad en el ambiente corporativo). Sin embargo, todos tenemos que enfrentar la realidad de que nuestras vidas se construyen en horas, y de que todo lo que logremos será en función de la forma en que usemos esas horas. Es por esto que creo que la forma de pensar que tiene LeUyen respecto a sus horas y, por lo tanto, respecto a su existencia y su trabajo, puede pasar del lienzo de su vida al de cualquier otra persona.

Muchos podríamos aprovechar esta ayuda porque, de la misma manera que sucede con el dinero, tenemos la tendencia a desperdiciar el tiempo que tenemos por delante como si fuera infinito. En muchos casos es porque las horas se nos van en contestar todos los mensajes que aparecen en las fauces de una bandeja de correo electrónico. Otras personas pierden el tiempo porque no les importa ver que un cliente que entró a su tienda salió de ella sin recibir respuesta a sus preguntas y, por lo tanto, no volverá.

El dentista ve que una paciente no le prestó atención a su desangelada plática sobre cómo realizar la higiene bucal, y sabe que volverá pronto para que le tapen más caries y le vuelvan a explicar lo mismo. De pronto nos encontramos a nosotros mismos contando los minutos y deseando estar en otro lugar. Las horas pasan inexorablemente sin darnos la esperanza siquiera de que nos servirán para algo provechoso. Las horas se van y la transacción se realiza, como pagar el celular después de la fecha límite o como comprar un suéter que nunca te pondrás.

Pero también, así como sucede con el dinero, la gente que amasa fortunas toma un poco de lo que gana y lo invierte de tal forma que le produzca rendimientos. La gente exitosa sabe que las horas, como el dinero, se pueden asignar para generar riqueza con el tiempo: riqueza espiritual, como la que hay en un mundo nuevo o en la obra de toda una vida. Efectivamente, la gente exitosa entiende que las horas de trabajo deben cuidarse con mayor empeño que el dinero porque el tiempo es limitado. Claro que siempre se puede ganar más dinero, pero ni el más poderoso en términos económicos tiene más de 168 horas a la semana, y además es físicamente imposible trabajar tantas horas continuas.

No obstante, si tomas ciertas decisiones respecto a tu trabajo, desarrollas disciplina e inviertes el tiempo en lugar de desperdiciarlo, podrás hacer mucho más con el mismo. LeUyen Pham lo describe como una forma mágica de pensar. "No puedo entender cómo produzco esta cantidad de trabajo en el tiempo que tengo. Mi esposo dice, 'Has construido, con mucha meticulosidad, un sentido de autoengaño', y es totalmente cierto." Pero sin importar qué tan engañosas sean las fechas de entrega —LeUyen bromea diciendo que ha estado tentada a aceptar proyectos de cien ilustraciones para realizarlas en tres días y medio—, "entre las once de la noche y las dos de la mañana, cuando estoy en medio de un trance, me siento inspirada y la creatividad fluye, ni siquiera sé cómo cuantificar el trabajo. Sólo hago todo de golpe y me parece que es una experiencia verdaderamente adorable."

¿De qué manera puedes construir tu carrera para que el trabajo arduo te parezca adorable? ¿Cómo puedes aprovechar tus horas para realizar una cantidad asombrosa de trabajo de la mejor calidad? ¿Cómo puedes invertir tu tiempo para que tu obra hable por ti y para multiplicar lo que puedes hacer sin ayuda? ¿Cómo puedes vivir la alegría de hacer sólo lo que te parece que vale la pena e importa?

Efectivamente, las anteriores son preguntas difíciles y, si con frecuencia te ves atrapado en reuniones que sobrepasan por mucho la cantidad que se debe invertir en trivialidades, podrían resultar hasta deprimentes. Pero la buena noticia es que hay muchas maneras de comenzar a cuidar más tu tiempo. Incluso si crees que no tienes control sobre él y si te sientes abatido por las tormentas que destruyen la creatividad y pasan a toda velocidad por la economía, siempre puedes analizar tu calendario y ver los minutos como albergues de posibilidades, en lugar de verlos como granos de arena que, inexorablemente, caen de un lado al otro del cuerpo del reloj. El secreto para lograr una productividad asombrosa radica en varios actos cotidianos de disciplina que, como lo descubrieron LeUyen Pham y otras personas exitosas, tienen el poder de hacer que las horas tengan mayor valor. "Sé muy bien que soy sumamente privilegiada por estar en esta posición", dice la ilustradora. "Porque además, mis hijos se dan cuenta de que adoro mi trabajo."

DISCIPLINA 1

CUIDA LAS HORAS

No llegué al tema del tiempo porque me interesara administrarlo, sino porque me fascinó el estudio de tipo académico que se realizaba respecto a su aprovechamiento. Después de revisar la información de la encuesta sobre el uso del tiempo en Estados Unidos, efectuada cada año por la oficina de Estadísticas Laborales, y de otros proyectos relacionados con el tiempo, llegué a la inevitable conclusión de que la forma en que creemos que usamos nuestro tiempo no tiene nada que ver con la realidad. De hecho, sobrevaloramos el tiempo que le dedicamos al aseo de la casa; subestimamos el que le dedicamos al sueño y escribimos mamotretos en los que se glorifica una era dorada que nunca lo fue, ya que las mujeres estadounidenses, por ejemplo, pasan más tiempo ahora con sus hijos del que pasaban sus abuelas en las décadas de los cincuenta y los sesenta.

Y en todas las investigaciones siguen apareciendo estos puntos ciegos. La gente a la que le pagan por hora siempre sabe cuántas horas trabaja, y la gente que se desarrolla en el ámbito de los profesionales independientes tiene una noción mucho más tenue de este concepto pero, como regla general, entre más horas trabajadas reporta, es más probable que esté sobrestimando el número. En un estudio publicado en la edición de junio de 2011 de *Monthly Labor Review*, en el que se compararon las semanas estimadas de trabajo con los diarios escritos por las personas, se comprobó que la gente que decía que su semana laboral "típica" era de más de 75 horas, en realidad trabajaba unas veinticinco horas menos. Quienes declararon que su semana "típica era de entre 65 y 74 horas", tenían una disparidad de casi veinte. Los que dijeron que trabajaban entre 55 y 64 horas, de todas formas, estaban diez horas por encima de la cifra real. Si corriges estos errores podrás ver que la mayoría de la gente trabaja menos de sesenta horas por semana. Muchos profesionales que se desempeñan en los mal llamados empleos extremos trabajan entre 45 y 55 horas a la semana. Éstas son cifras que puedo atestiguar por todos los registros que he visto a lo largo de varios años. He dado discursos en empresas que son conocidas por explotar a los empleados, y ahí les pedí, a los que me parecieron más prometedores, que registraran meticulosamente lo que hacían cada hora. Las semanas que describieron siempre estuvieron por encima de las sesenta horas, y eso fue sólo tomando en cuenta las semanas que realizaron mucho trabajo bien enfocado, que no salieron temprano de la oficina, no tuvieron vacaciones ni citas con el dentista y, lo más importante, semanas en que la gente estuvo dispuesta a reunirse para trabajar con sus colegas. Vivimos en un mundo muy competitivo, por lo que presumir sobre el número de horas que trabajamos se ha vuelto una forma de demostrar lo dedicados que somos en el aspecto profesional.

Todo esto resultaría muy gracioso de no ser porque las cifras tienen consecuencias. Si piensas que trabajas ochenta horas a la semana, con tal de optimizarlas tomarás decisiones distintas a las que tomarías si supieras que en realidad sólo trabajas cincuenta y cinco. Es por esta razón que LeUyen Pham toma muy en serio la contabilidad del tiempo, y por la que la gente que quiere aprovechar más sus horas tiene que averiguar de qué manera las está utilizando ahora. Si ya has tratado de bajar de peso, de seguro sabes que los nutriólogos siempre te piden que lleves un diario alimenticio; y es que las evidencias demuestran que funciona. En un estudio que se realizó acerca de un programa de pérdida de peso de un año, y que fue publicado en *Journal of the Academy of Nutrition and Dietetics* en 2012, se descubrió que las mujeres que llevaron un diario alimentario perdieron en promedio tres kilos más que las que no lo hicieron. Escribir lo que comes te permite tener un mayor control sobre lo que te llevas a la boca, y de la misma manera, escribir la forma en que usas el tiempo te responsabiliza por las horas que pasan, estés consciente de ellas o no.

Existen muchas aplicaciones que te pueden ayudar a llevar un registro, y también puedes descargar una sencilla hoja de cálculo de mi sitio de internet.*

Incluso recurro a una solución todavía más primitiva y escribo lo que hago con mis horas en un cuadernito de espiral. Si nunca antes has tratado de averiguar lo que haces con tu tiempo, te exhorto a que trates de registrar toda una semana e imagines que eres una especie de abogado que tiene que cobrar el tiempo que invierte en cada proyecto. ¿Cuánto tiempo pasas revisando el correo electrónico? ¿Cuánto tiempo inviertes en

---

* http://lauravanderkam.com/books/168-hours/manage-your-time/

pensar? ¿En planear? ¿En transportarte? ¿En reuniones? ¿En realizar una parte sustancial del trabajo para el cual te contrataron?

Luego calcula los totales y analízalos. ¿Te parecen razonables? ¿En qué inviertes demasiado tiempo? ¿En qué inviertes muy poco? Quizás lo más valioso que debería surgir de este experimento es la reflexión sobre cuánto inviertes exactamente en cada actividad. Por ejemplo, si añado una publicación a mi blog, me toma media hora darle forma e incluir los vínculos y fotografías. Esto me conviene saberlo porque de esa manera no intentaré hacer publicaciones entre el final de una conversación telefónica a las 11:45 a.m. y las 12:00 p.m., hora en que almuerzo con mis hijos. La gente que invierte mucho tiempo en una sola actividad suele desarrollar una buena noción de lo que invierte y, por lo tanto, tiene una comprensión más amplia de lo que puede producir entre las dos mil y tres mil horas anuales de trabajo que corresponden a una semana laboral de entre cuarenta y sesenta horas. En el caso de LeUyen Pham, una pintura puede tomar cierto número de episodios de *Seinfeld*, por ejemplo. En la edición de octubre de 2012 del *Wall Street Journal* se publicó el perfil de Connie Brown, una artista que se especializa en hacer mapas personalizados. En él, Connie dijo que cada mapa le toma más de doscientas horas y, por lo tanto, sólo hacía cerca de doce al año. Ya incluyendo el tiempo de trabajo administrativo, esta cifra la coloca en el rango de entre dos mil y tres mil horas laborales. Un artista con menos experiencia podría tratar de realizar unos cincuenta proyectos similares al año, pero como eso significaría diez mil horas, y el año sólo tiene 8 760 (y 8 784 en el caso del año bisiesto), es evidente que no podría cumplir sus metas.

Por otra parte, no es necesario que registres tus minutos y horas por siempre; de hecho, el hacerlo unos cuantos días te permitirá cobrar mayor conciencia del tiempo: el mismo tipo de conciencia que, según imagino, los monjes trataban de alcanzar cuando meditaban con su *Libro de horas*. La mera conciencia del paso del tiempo nos puede conducir a tomar decisiones más productivas. Una doctora muy ocupada que registró la forma en que ocupaba su tiempo para uno de mis talleres, le mostró los resultados al director de su clínica para solicitarle más apoyo administrativo y, así, poder atender a más pacientes. Como ya he llevado el registro de muchísimas semanas en varios años, si depende de mí, nunca propongo llamadas telefónicas antes de las 11:00 a.m. porque sé que en las primeras horas de la mañana es cuando tengo una mejor disposición para articular mis ideas.

Es posible que cuando descubras que no estás aprovechando el tiempo de la forma que quieres, te sientas frustrado, sin embargo, la cruda realidad es que el tiempo es un recurso no renovable y cuando se va, se va para siempre. No tiene caso lamentarse por el número de horas que ya perdiste en el pasado, pero toma en cuenta que, a partir de ahora, podrás ganar mucho si logras comprometerte a hacer las cosas de una manera distinta en las dos mil y tres mil horas laborales que tendrás cada año en cuanto comience de nuevo la cuenta.

DISCIPLINA 2

PLANEA

En cuanto sepas cuántas horas de trabajo tienes disponibles, el siguiente paso para transformar tu carrera profesional consistirá en averiguar lo que te gustaría hacer con ellas. Los contratos de los maestros casi siempre incluyen tiempo de planeación para que se puedan establecer los objetivos y diseñar las clases en un momento distinto al de las clases mismas frente a los alumnos. Esto no siempre funciona bien, pero el hecho de contar con un lapso definido produce una cultura en la que es posible pensar lo que se quiere hacer antes de realizarlo. Erica Woolway, principal funcionaria académica de Uncommon Schools y coautora con Doug Lemov y Katie Yezzi de *Practice Perfect: 42 Rules for Getting Better at Getting Better*, estudió a varios maestros efectivos y descubrió que "en verdad redactaban con toda minuciosidad los planes de clase y las preguntas que les harían a sus alumnos. Este tipo de planeación es un factor de gran relevancia que sirve para distinguir entre los buenos maestros y los mediocres."

Pero, ¿cuándo fue la última vez que te diste tiempo para planear? Siempre que hago encuestas entre el público para saber en qué le gusta a la gente invertir más el tiempo, la planeación y la reflexión quedan casi en la parte superior de la lista. La mayoría se lamenta y dice que le encantaría tener más tiempo para pensar las cosas desde el punto de vista estratégico, ¡pero todos están demasiado ocupados para hacer eso! A mí siempre me parece que este fenómeno es producto de demasiada ingenuidad porque creo que todos esperamos que quien quiera que construya nuestra casa nunca llegue a estar tan ocupado martillando y cortando madera que no pueda revisar los planos. De la misma manera, la gente exitosa que, por cierto, sólo tiene las mismas 168 horas que todos los demás, se da a la tarea de incorporar la planeación a su vida. Los bocetos en miniatura de LeUyen Pham le ayudan a ella y a sus editores a decidir el orden y contenido de los paneles porque, en realidad, no sería lógico tratar de hacer treinta y dos cuadros secuenciales y relacionados sin pensar con anterioridad cuáles serán las imágenes. Sería un desperdicio brutal de tiempo empezar a pintar y luego darse cuenta, a mitad del camino, que la nube se vería mucho mejor si estuviera del lado izquierdo de la luna.

El diseño es la mitad de la batalla, y esto también es aplicable en contextos empresariales. El Proyecto Ejecutivo de Uso del tiempo, dirigido por la Escuela de Economía y Ciencia Política de Londres, implicó que los asistentes ejecutivos llevaran un registro de la forma en que invertían su tiempo los directores ejecutivos de compañías enlistadas públicamente de varios países. El análisis preliminar sobre el aprovechamiento de los directores ejecutivos de la India demostró que entre más horas trabajaba el ejecutivo, más se incrementaban las ventas. Sin embargo, lo más intrigante fue que la correlación entre aprovechamiento del tiempo y resultados siempre dependió de manera directa del número de horas que los ejecutivos realizaron actividades planeadas. A pesar de que las reuniones con empleados siempre tuvieron relación directa con ventas mayores, esto no significó que se invirtieran más horas en juntas, sino simplemente que el tiempo de los directores ejecutivos es un recurso valioso y limitado, y, por lo mismo, si se planea la forma en que será asignado, se incrementan las probabilidades de que éste se emplee de manera productiva.

Ésta es la noción que sustenta el ritual laboral de Michael Soenen para un período de planeación durante el fin de semana. Soenen fue, por años, director ejecutivo de FTD (la red de contactos de trabajo de los floristas), y ahora dirige EmergencyLink, una empresa que almacena información de emergencia, de tal forma que esté disponible para la familia y las primeras personas que respondan llamadas. Soenen dice que su hábito personal más importante es aprovechar la última parte del domingo para hacer su análisis estratégico. El ejecutivo pasa algunas horas pensando "cuáles son nuestras prioridades, y luego me aseguro de que esas prioridades se distribuyan bien en el equipo. Pienso en mis propias preguntas y en cuáles son los proyectos importantes. Si para cuando acaba el domingo ya quedaron claros esos puntos, el lunes por la mañana ya todo mundo sabe qué hacer." De esta manera el equipo puede tener una conferencia telefónica breve el lunes temprano y comenzar a trabajar. Según Soenen, este tipo de planeación hace que la semana sea más productiva porque su papel como líder es "ayudarle a mi gente a ser lo más eficiente posible con su tiempo. Para ellos es difícil ser productivos si yo como jefe no pienso, de forma institucional, cuáles son las mejores soluciones." Si Soenen espera hasta el lunes por la mañana para planear, entonces la gente no sabe qué debe hacer sino hasta el lunes por la tarde, y él corre el riesgo de que su gente corra desbocada hacia el lugar equivocado. Si tienes un equipo de diez personas que trabajan para ti, cuatro horas de desorden el lunes por la mañana significan en realidad cuarenta horas de caos, y eso es como perder el equivalente a un empleado de tiempo completo. Si Soenen tiene una buena tarde de domingo, entonces todo el equipo tendrá una excelente semana. "He notado que cuando invierto ese tiempo en organización, la diferencia es abrumadora", comenta el ejecutivo.

Los seguidores del sistema GTD de David Allen —GTD son las siglas de Getting Things Done (Haz las cosas)— siempre encuentran tiempo para hacer un repaso semanal en el que identifican los cabos sueltos, catalogan los pendientes en una lista de "algún día/quizás", y definen las acciones que se requieren a continuación para los proyectos grandes. El mismo Allen ha visto que "el final de la semana es un buen momento para hacer este repaso", o los domingos, y a veces, en los viajes largos en avión. "Es un buen momento para sentarse y hacer ese tipo de reflexión." La clave es encontrar el momento y el lugar en que "el mundo parece aminorar la marcha, los teléfonos dejan de sonar y la gente no me interrumpe todo el tiempo en mi escritorio." Allen nos dice que, dado que algunos de sus clientes jamás bajan la velocidad de esa manera, se ven forzados a no programar nada antes de las 9:00 a.m. Esto les permite comenzar a trabajar a las 7:00 a.m. y "enfocarse antes de que comience la locura." Algunos deciden trabajar en casa los viernes y utilizar la primera parte del día para reflexionar y hacer un repaso de la semana sin que el mundo los desgarre en la oficina. Sin importar la estrategia que elijas, permite que salga todo lo que traes en la cabeza y resuelve los asuntos que tienes pendientes. "A mí no me gusta añadir ningún tipo de trabajo creativo nuevo cuando todavía tenemos asuntos estancados", explica Allen, pero una vez que se define lo que se tiene que hacer, recibe con gusto las ideas nuevas y evalúa cuál debe ser el siguiente paso.

Suelo hacer mi propia planeación a tres niveles. Todos los diciembres pienso en las preguntas que formularía para la "revisión de desempeño" que quiero aplicarme a mí mismo al final del siguiente año. ¿Qué me gustaría lograr en las siguientes dos mil horas de trabajo? Por supuesto, el futuro no se puede predecir y las metas podrían cambiar, sin embargo, el hecho de establecer objetivos anuales como "duplicar el tráfico de mi blog" o "escribir el borrador de una novela", me permite enfocar mi mente en las acciones que me ayudarán a lograr estos propósitos. Una vez que tengo definidos los objetivos en mi mente, hago una lista de prioridades todos los domingos por la noche; en ella escribo todo lo que planeo realizar durante la siguiente semana. Esa lista de prioridades incluye tanto las tareas inmediatas como los pasos que debo dar hacia mis metas anuales (como "estudiar Google Analytics treinta minutos para averiguar qué es lo que mueve al tráfico en internet" y "escribir dos mil palabras de ficción"). Por lo general programo el lunes de forma muy ajustada, pero el resto de la semana es más flexible. Luego, el lunes por la noche programo el martes con mayor rigor, y para eso me baso en lo que queda pendiente en la lista de prioridades y en lo que sucedió el lunes. La noche del martes programo el miércoles, y así sucesivamente. Para el viernes casi siempre termino todo lo que me propuse, por lo que aprovecho ese día para hacer cierre o continuar con la planeación.

Debido a que la gente trabaja de maneras muy distintas, no existe un paradigma de planeación que le funcione a todo mundo. Si tú trabajas en equipo con alguien más, como un asistente o el libretista que escribe las letras de todas tus óperas, entonces esa persona tendrá que participar en la planeación. Por otra parte, si tienes demasiadas peticiones para compartir con otros, fragmentos específicos de tu tiempo, tal vez será necesario que planees con más meticulosidad que si tu cultura de trabajo te permite entrar de improviso a la oficina de un colega y pasar cuatro horas debatiendo una comprobación matemática. Lo importante no es el formato sino hacerse el hábito de programar un período de planeación. En cuanto entres al ritmo de organización y de pensar las cosas antes de hacerlas, verás que el sistema se vuelve adictivo. Con tal de asegurarte de que tendrás tu plan listo, podrías comenzar a trabajar a horas poco comunes. Durval Tavares, director ejecutivo de Aquabotix —empresa que fabrica robots subacuáticos—, nos confiesa que a veces se levanta a las 4:00 a.m. "no porque haya sonado la alarma", sino porque tiene demasiadas cosas en la cabeza. "Se necesita claridad", dice. "Porque, una vez que llegas a la oficina, es difícil tener un momento libre para sólo pensar, diseñar estrategias y resolver problemas." Por eso Tavares hace su planeación antes del desayuno y, así, llega al trabajo listo para enfrentar el día.

Tal vez también te den ganas de empezar a organizar tu vida personal. Mike Williams, quien fuera ejecutivo de GE pero ahora se desempeña como director ejecutivo de David Allen Company, explica que al final del día de trabajo pasa varios minutos revisando aquello en lo que le gustaría enfocarse por la noche. Por ejemplo, si su hija tuvo una presentación ese día, él marca en su calendario: "Preguntarle cómo le fue". De esa manera, en cuanto atraviesa la puerta de su casa, está presente y concentrado para su familia. Mike dice que sólo le quedan cuatro años antes de que su hija adolescente se vaya de casa y, por lo tanto, considera que las oportunidades de comunicarse con ella y hacer actividades especiales juntos son "gemas que no quiero perder. Antes, si no escribía esos detalles, me perdía de las oportunidades." De la misma manera que sucede con las horas de trabajo, las horas para el descanso y la familia también se desvanecen aunque planees o no cómo quieres ocuparlas. Sin embargo, planear hacia dónde te diriges incrementa enormemente las probabilidades de llegar.

DISCIPLINA 3

HAZ QUE EL ÉXITO SEA POSIBLE

En cuanto comiences a programar tus sesiones de planeación de forma regular, reunirás todo tipo de motivación para encender una fogata en tu vida profesional. Te vendrán a la mente cien personas con las que querrás reunirte y cien ideas sobre cómo hacer crecer tu negocio, pero, aunque esto te suene contrario a lo intuitivo, debes resistirte a escribir todas tus maravillosas ideas en la lista de pendientes para el lunes porque primero debes darte tiempo. La gente exitosa suele ver su lista de pendientes primordiales de una forma ligeramente distinta a la que lo hacen los demás. Para estas personas no se trata sólo de una lista sino de una suerte de contrato. Cualquier cosa que esté incluida tendrá que cumplirse y, con mucha frecuencia, se llevará a cabo como una cuestión de orgullo personal. Incluso si la fecha límite no está bien definida. LeUyen Pham, por ejemplo, dice, "me parece que el año pasado mis editores pensaron que me atrasaría porque tuve a mi segundo hijo, sin embargo, cumplí con todas las fechas de entrega." Debido a lo anterior, actualmente la ilustradora se encuentra en espera de que otras personas se despabilen y se pongan al día para realizar proyectos que se quedaron inactivos.

Como la vida sucede día a día y las emergencias pueden ocurrir, el éxito depende de dos cosas: elegir con meticulosidad la lista de prioridades de cada día y desarrollar un sistema confiable que funcione.

Chalene Johnson, la entrenadora física conocida por diseñar los videos de ejercicio Turbo Jam, suele limitar su lista de prioridades cotidianas a seis puntos: tres que tienen que llevarse a cabo ese día, y tres pequeños pasos hacia lo que ella llama la meta "empujón" del año. Ésta es una meta cuantificable que, de lograrse, hará que otros de sus objetivos importantes se vuelvan posibles, aunque a veces eso significa que la meta "empujón" no sea la más evidente. En 2011, por ejemplo, Chalene quería que su libro *Push: 30 Days to Turbocharged Habits, a Bangin' Body, and the Life You Deserve!* llegara a la listas de los más vendidos. Naturalmente ésta es una meta en sí misma, pero la entrenadora se dio cuenta de que la clave para llegar ahí consistía en acumular por lo menos cien mil direcciones de correo electrónico de seguidores para poder contactarlos y ofrecerles el libro. Las actividades promocionales necesarias para generar esa base de datos se volvieron su "meta empujón". ¿Otro ejemplo? Aproximadamente un año antes de que nos entrevistáramos, Chalene le vendió dos de sus compañías a Beachbody, la empresa de entrenamiento físico en el hogar. La entrenadora continuó desempeñándose como asesora durante todo un año, en el cual, su gratificación económica dependió del éxito de Beachbody. La "meta empujón" de ese año fue ayudar a la empresa a alcanzar un nivel importante de ganancias. El día que la entrevisté, uno de sus tres pasos era hacer una cita con un hombre con el que estaba trabajando en un proyecto. El segundo era programar una teleconferencia para la mañana siguiente con el director ejecutivo, y el tercero, revisar los puntos más importantes de una presentación.

Cumplir con la lista es "bastante sencillo cuando sólo tienes seis objetivos", explica. "Paso con rapidez por todos los puntos y eso me hace sentir muy satisfecha. Me provoca una avalancha de adrenalina; es como el efecto de la bola de nieve y me motiva a seguir en la lucha." Efectivamente, "la razón principal para limitar y editar la lista hasta tener menos puntos es nunca sentirse derrotado. Así haces todo lo que tenías pendiente. La mayoría de la gente cree que tiene que correr por todos lados, y por eso nunca logra sus metas de empuje: se le acaba la energía." Tal vez llevar a cabo tres tareas al día para cumplir un objetivo mayor no sea imponente, pero hacer tres tareas todos los días sin falla podría, en un año, acercarte 750 pasos más a tu meta. Si el objetivo es escribir un manuscrito de setenta y cinco mil palabras, cada uno de los pasos pequeños consistiría en escribir sólo cien, es decir, menos de las que hay en este párrafo, y eso sería bastante sencillo para ti. La gente exitosa sabe que las pequeñas acciones que se realizan de forma repetitiva acumulan mucha fuerza.

David Allen también limita su lista como Chalene Johnson. Después de echarle un vistazo al "hostil panorama" de su día, es decir, después de identificar qué citas debe hacer y cosas similares, "elige una, dos o hasta tres actividades en las que se enfocará." Él sugiere un número pequeño, y luego, "Si puedes decir, '¡Vaya! Mira todo lo que hice', y todavía tienes más tiempo, pues genial, ve por más. Sólo no te abrumes." La gente tiene la tendencia a decir, "terminando este café, me voy a comprometer al cien por ciento."

Johnson, por su parte, además de limitar el número de actividades de la lista, incrementa sus probabilidades de éxito por medio del desarrollo de hábitos que le garantizan la confiabilidad en sí misma. La entrenadora establece ciertos detonadores mentales para verificar su lista, por ejemplo, se dice a sí misma que, si ve el número once en algún lugar, debe hacer una revisión. "Tengo la lista de pendientes en el teléfono", explica; y si una de las tareas es enviar un mensaje de texto, aprovecha el tiempo que pasa formada en la fila del supermercado. "No hay manera de no cumplir", dice.

También se puede fortalecer la responsabilidad uniéndose a un grupo creado con ese propósito o elegir una pareja de apoyo. Nika Stewart es dueña de Ghost Tweeting, un negocio de mercadotecnia a través de redes sociales con su base en Nueva Jersey, y pertenece al Club de las Siete Cifras, un grupo para promover la responsabilidad patrocinado por la red Savor the Success de mujeres dueñas de negocios. Todos los lunes las empresarias se reúnen a través de internet para establecer un objetivo semanal que les ayudará a acercarse más a sus objetivos anuales; luego, el viernes, todas vuelven a entrar a la red para decirles a las otras si cumplieron su objetivo o no. Si el objetivo semanal que estableció Stewart el lunes fue enviar tres propuestas, "podría quedarme despierta la noche del jueves para cumplirlo en caso de que no hubiera logrado hacerlo antes", explica.

Nadie quiere quedar como fracasado frente a gente cuya opinión valora.

Esta reflexión condujo a la creación de uno de mis conceptos de negocios predilectos: la organización stickK.*

Los usuarios de esta organización establecen metas como dejar de fumar, hacer ejercicio regularmente, bajar de peso o cualquier otro tipo de objetivo; y para asegurarse de que cumplan, cada quien firma un contrato de compromiso en el que se establece la meta y hace una apuesta económica respecto a lograrla. El usuario también tiene que hacer una lista de los integrantes del equipo de apoyo a los que mantendrá informados del progreso. Si tú eres usuario de stickK, sucumbes a la tentación y te tomas un refresco después de haber dicho que no lo harías, tu dinero de la apuesta podría entregársele a una persona designada o, incluso, a la "anticaridad", es decir, una causa que no desees apoyar (si eres demócrata liberal, podrías tener que donarle dinero al súper PAC de Karl Robe). Asimismo, se les informará a tus amigos de tu fracaso. "En este caso no solamente te desafiarías a ti mismo al decir, 'Vaya, creo que sí puedo hacer esto': también pondrás tu reputación en riesgo", según se explica en la página de preguntas y respuestas de stickK. De acuerdo con las investigaciones realizadas por los fundadores de esta organización, los contratos de compromiso triplican las probabilidades de que los usuarios tengan éxito.

La gente exitosa entiende que la fuerza de voluntad es una cualidad fabulosa que muchos sólo poseemos en cantidad limitada, por desgracia. Tu jefe podrá confiar en ti para que cumplas algunas metas, pero si anhelas lograr más o, sencillamente no tienes jefe, vas a necesitar un sistema de apoyo.

---

* http://www.stickk.com

Averigua qué aplicación, sitio de internet, persona, apuesta económica o grupo podría hacer que tu fracaso te resultara lo más incómodo posible, y úsalo como apoyo para alcanzar tus objetivos.

DISCIPLINA 4

APRENDE A IDENTIFICAR LO QUE SÍ ES TRABAJO

De vez en cuando algunas empresas que se dedican a diseñar *software* para elaborar registros de aprovechamiento de tiempo se ponen en contacto conmigo. Este tipo de tecnología está diseñada, por lo general, para empleadores que desean desalentar la pérdida de tiempo entre sus subalternos. A veces estas investigaciones presentan estadísticas tan intrigantes como: "Negocios que pierden casi 1.1 mil millones de dólares a la semana en los equipos de Fantasy-futbol." Si llevas un registro del tiempo de tus empleados y te das cuenta de cuántos minutos ven en sus pantallas el canal deportivo ESPN en lugar de atender sus correos de Outlook, ¡pum!, ¡la productividad se disparará hasta el cielo! ¿Cierto?

Bueno, quizás. Yo rara vez escribo acerca de este tipo de programas para computadora porque, haciendo a un lado el aspecto de espionaje tipo Big Brother que tanto me desagrada, la verdad es que la mayoría de los profesionales no cree que aprovechar el día consista en pasar ocho horas viendo videos de gatitos en YouTube. Es posible que, después de una junta intensa, verifiques rápidamente en qué situación se encuentra tu equipo de Fantasy-futbol, pero en esta revisión se pierde, si acaso, algunos minutos, y además, nadie vive en el engaño de que se trata de "trabajo". Sin embargo, existe otro problema de verdad insidioso, un inconveniente que succiona mucho más que los 1.1 mil millones de dólares que supuestamente se pierden en el futbol virtual. Se trata de todo aquello que parece trabajo pero no lo es en realidad. Son actividades que, en teoría, forman parte de las responsabilidades de tu cargo, pero si no sirven para que tú o tu organización avancen hacia sus metas, y por lo tanto, no son trabajo.

Hablemos del correo electrónico, por ejemplo. De acuerdo con un reporte del instituto McKinsey Global sobre economía social en 2012, los trabajadores intelectuales invierten veintiocho por ciento de su tiempo revisando las bandejas de correo electrónico. Según la empresa de seguridad móvil Lookout, cincuenta y ocho por ciento de los usuarios de teléfonos inteligentes dicen que no dejan pasar una hora sin revisar sus aparatos. Y no estamos hablando nada más de las horas que permanecen despiertos. Lookout reportó que cincuenta y cuatro por ciento de los usuarios revisan sus teléfonos aun estando en la cama. Casi cuarenta por ciento dice que ve el teléfono en el baño; nueve por ciento admite que le echan un vistazo al celular en medio de servicios religiosos. Buena parte de esta conectividad constante implica la revisión de correo electrónico porque, bueno, de cierta forma, tenemos la impresión de que ver nuestros correos es parte del trabajo. No obstante, si revisar el celular diez veces por hora significa que para escribir una presentación se necesitarán dos horas en vez de una, resulta difícil decir que éste es un mejor aprovechamiento del tiempo que si se escribe media hora, se revisan los correos quince minutos, se escriben otros treinta y luego se ven videos de gatitos cuarenta y cinco minutos seguidos. Y si algunos de esos correos electrónicos no necesitaban leerse en absoluto —sólo piensa en cuántas conversaciones mandas a la basura cuando regresas de vacaciones—, entonces habría sido mejor que navegaras por el sitio de internet de tu equipo de Fantasy-futbol en todo caso.

También piensa en la pesadilla existencial que implica ser empleado: me refiero a las juntas y a las conferencias telefónicas a control remoto. A mí a veces me sorprende la cantidad de juntas que aparecen en las bitácoras de la gente. Jackie Pyke, vicepresidenta de estrategia de marca y gerencia corporativa de Capital One, calcula que su carga de reuniones ocupa setenta por ciento de su horario, "Y, de hecho, podría ocupar cien por ciento de mi tiempo, si yo lo permitiera y si no verificara de manera activa quién hace las solicitudes de juntas. La nuestra es una cultura extremadamente incluyente y colaborativa, y por eso mucha gente se equivoca y tiende a invitar a muchas personas a participar."

La colaboración es estupenda pero tiene una desventaja: el volumen de juntas puede convertirse en un círculo vicioso en muy poco tiempo. La mejor manera de hacer que la gente le preste atención a un proyecto consiste en programar una reunión porque ésta sirve como fecha límite. Si no convocas a una reunión, tu proyecto se quedará rezagado detrás de las otras seis reuniones que la gente incluyó ese día en su lista de prioridades. Pero esto no se debe a que tu proyecto sea objetivamente menos importante, sino a que las cosas que suceden a una hora específica e involucran el compromiso de otras personas, a todos les parecen, de forma automática, más importantes de lo que son.

Para asegurarse de que se harán las cosas, la gente tiene que reunirse, de la misma forma que necesita enviar y leer correos electrónicos. Por lo anterior, las reuniones —por lo menos las de dos personas— en muchos casos resultan fundamentales para el buen desempeño gerencial. Lo que la gente exitosa hace para manejar esta situación es calcular constantemente el coste de oportunidad. Jackie nos dice, "Una o más veces al año me reto a mí misma a estudiar de qué manera invierto mi tiempo y si puedo realizar algunos cambios." La ejecutiva borra de su calendario todas las juntas que fueron programadas con anticipación y a perpetuidad, y, por lo tanto, dichas juntas tienen que volver a ganarse un lugar en su agenda. Jackie les echa un vistazo a las reuniones a las que solía creer que debía asistir, y se pregunta, "¿Cómo es que no estoy ahí? Tal vez resulte incómodo, pero ésta podría ser la oportunidad para que alguien más del equipo participe." En otras ocasiones se da cuenta de que ya hay alguien más tratando de participar, y eso le sirve como indicador de que ella no necesita estar en la reunión. Los integrantes de su equipo son sagaces y, de seguro, pueden manejar la situación. Por supuesto, parte de trabajar con gente eficiente implica reunirse con esas personas y apoyarlas en su desarrollo. "Yo en verdad me esfuerzo por tener y proteger una hora a la semana con la gente que me reporta directamente", explica la ejecutiva; pero también se da cuenta de que "eso no siempre es posible, ni para ellos ni para mí. Los integrantes del equipo también están ascendiendo en el escalafón, por lo que una hora puede ser demasiado. También son más independientes ahora de lo que lo eran cuando comenzaron." Es posible que este tipo de reuniones de una hora deban llevarse a cabo cada dos semanas.

Otra cosa que se puede hacer es bloquear una hora pero no ocuparla completa. Colin Day, director ejecutivo de iCIMS, empresa de recursos humanos con 250 empleados, en su calendario tiene tiempo para reunirse una hora a la semana con cada uno de los cinco ejecutivos que le reportan directamente, sin embargo, "los ejecutivos no se sienten obligados a reunirse los sesenta minutos sólo porque están disponibles." No hay nada que haga más feliz a Colin que dejar todo claro en cinco minutos o mediante mensajes de texto; de esa forma, tanto él como los ejecutivos pueden reasignar ese tiempo. La gente exitosa siempre se hace, de una u otra manera, la pregunta, "¿Qué más podría hacer con esa hora?" una buena razón para cuidar tus horas y percatarte de cuánto tiempo lleva cada cosa, es que, si lo haces bien, después puedes traducir cualquier solicitud que los demás hagan de tu tiempo, a los mismos términos. Tú sabes que llamar a seis clientes de antaño, y pasar veinte minutos al teléfono con cada uno, podría resultar en que alguien te solicite, por lo menos, una propuesta. Por lo tanto, asistir a una reunión de dos horas podría significar que terminarás renunciando a un buen trato en Nueva York. ¿Vale la pena? ¿O quizás la junta podría durar una hora para que aproveches la otra y llames a los clientes? A veces uno tiene que poner las cosas en fríos términos económicos. Es decir, una junta recurrente que implica que se reúnan diez personas durante dos horas a la semana equivale a tener que pagarle a una persona más en el equipo. ¿Los beneficios que obtienes de esas juntas se equiparan con lo que se conseguiría si trabajara una persona más en la oficina? ¿O acaso sucede que en los primeros quince minutos se tratan los asuntos más álgidos y lo que resta sólo es una especie de carga voluntaria que le roba tiempo a tu organización?

Si diriges un negocio pequeño, esta pregunta relacionada con el coste de oportunidad es de gran relevancia porque, muy a menudo, a los empresarios les cuesta muchísimo trabajo delegar las tareas que se les facilitan, pero el problema de sólo contar con dos mil o tres mil horas de trabajo al año es que, si eliges escribir tú mismo ese borrador de reporte porque te gusta mucho experimentar con los verbos, tal vez no puedas averiguar cuál de tus fuentes de ingreso crece más rápido y merece más atención. Quienes dan el salto de los micronegocios a los negocios de millones de dólares son los que suelen considerar estos aspectos. Bild and Company, la empresa de Traci Bild, ofrece servicios de consultoría para compañías dedicadas a proveer hogares a jubilados. La organización produce cuatro millones de dólares de ingresos al año, sin embargo, Traci sale de trabajar a las 3:00 p.m. para enfrentarse en casa al turno que inicia cuando terminan las clases. ¿Cuál es su secreto? "Trato de reemplazarme a mí misma todo el tiempo", dice. "La estrategia más importante en mi trabajo como líder consiste en reemplazarme. Si le encomiendo mis tareas a alguien más, quedo libre para avanzar al siguiente nivel. Ésta ha sido mi estrategia durante años, y me sigue funcionando increíblemente bien."

Josh Skolnick, empresario de veintitantos años, comenzó podando céspedes ajenos cuando estaba en la preparatoria y vivía en los suburbios de Filadelfia. Su impulso como emprendedor era tan grande, que para cuando se graduó ya tenía varios equipos trabajando para él. Luego, cuando se dio cuenta de que el mercado era prometedor, decidió enfocarse en el cuidado y arreglo de árboles. Un cliente le pidió que se hiciera cargo de un árbol muerto, por lo que Skolnick llamó a un contratista y, como el individuo ya estaba ahí, comenzó a tocar puertas para ver si los otros vecinos necesitaban servicio. En un solo día vendió el equivalente a veinte mil dólares de trabajo. Es evidente que Skolnick es muy bueno en las ventas al mayoreo pero, ahora que se dedica a hacer crecer la empresa Monster Tree Service para convertirla en franquicia nacional, ya no resulta tan lógico que vaya tocando de puerta en puerta a pesar de que lo hace muy bien. Por esta razón, el joven entrenó a su equipo de capataces para que inspeccionen los terrenos con los propietarios e identifiquen ramas en peligro inminente y árboles proclives a pudrirse. También los entrenó para que saludaran a los vecinos que estaban en sus jardines e hicieran ventas discretas. "La gente te puede asombrar; es increíble lo que algunas personas son capaces de hacer", dice. "Hay gente que trabaja para mí, que jamás yo habría imaginado que podría vender servicios para árboles", sin embargo, muchos aprendieron, dominaron el oficio y generaron miles de dólares en ventas; y claro, Skolnick siempre se asegura de gratificarlos por ello. "En mi negocio he descubierto que para ganarme el respeto de los empleados, sólo necesito tratarlos de la misma manera que a mí me gustaría que me trataran", explica. "Desde la perspectiva financiera, puedo decir que cuido a la gente que trabaja para mí y que he construido una estructura de gratificación con la que la aliento a aceptar responsabilidades mayores."

Por supuesto, así como deberás asegurarte de no confundir las trivialidades con el trabajo real, también deberás esforzarte para identificar bien las actividades que sí son parte de lo laboral. La productividad te exige trabajar con tu reserva temporal, no en contra; y, por lo tanto, todo aquello que no parece trabajo, si se mira desde la perspectiva adecuada, es, de hecho, una forma benéfica de aprovechar el tiempo.

Lo anterior significa, en el caso de la mayoría, tomar un descanso. LeUyen Pham se levanta y hace estiramientos de yoga cada hora. En las horas que mi energía baja por la tarde, yo salgo a caminar o correr, o a hacer algún mandado porque sé que si me quedo en la computadora voy a empezar a deambular por internet para revisar el correo cada treinta segundos en lugar de avanzar ininterrumpidamente. Es curioso pero, a veces, estos descansos me permiten procesar ideas que no había podido articular bien en el tiempo de trabajo activo. Mientras escribía esta parte del libro pensé en cancelar una salida para trotar diez kilómetros con mi compañera de carreras porque estaba muy retrasada respecto a la fecha de entrega. Sin embargo, decidí llevar a cabo el trote y debatí con mi amiga el diseño que me hacía falta al mismo tiempo que nos poníamos en forma. Quizás no parecía trabajo del todo, pero de esa manera logré más que si me hubiera quedado sentada en el escritorio.

En algunas investigaciones se ha descubierto que este tipo de descansos —y en general toda la atención que se preste a uno mismo— tiene fuertes rendimientos económicos. Tony Schwartz y Catherine McCarthy estudiaron, en 2006, la productividad de varias sucursales del banco Wachovia en Nueva Jersey. Los investigadores sometieron a 106 empleados a un programa de bienestar de cuatro meses que incluyó asesoría sobre la administración de la energía. A los empleados se les instó a comer de manera regular, apaciguar las emociones negativas y levantarse del escritorio de vez en cuando. Al comparársele con un grupo de control, el grupo que recibió la asesoría logró un incremento de trece puntos porcentuales en ingresos por préstamos, y un incremento de veinte puntos porcentuales en ingresos por depósitos a un año como base. (En el reporte que se publicó del estudio en *Harvard Business Review*, en 2007, Schwartz y McCarthy señalaron que Wachovia utilizó esas mediciones para evaluar a los empleados). Naturalmente, es difícil saber con exactitud qué es lo que motiva a una persona. Un programa de bienestar, por ejemplo, sólo podría hacer creer a alguien que su jefe confía en ella o él como persona, y, en ese caso, el factor más estimulante es éste, y no el programa por sí mismo. Dicho lo anterior, mucha gente que ha tratado de programar descansos regulares descubrió que la renovación de la energía y el enfoque compensan por mucho el tiempo "perdido".

Matt Hall desarrolla este tipo de descanso en la cultura empresarial de Hill Investment Group, una empresa de administración de la riqueza, con base en San Luis. En 2005 Hall cofundó Hill Investment Group con el objetivo de ayudarles a sus clientes a "ver el panorama completo". La inversión efectiva consiste en lograr el máximo de rendimientos sostenibles —con énfasis en lo sostenible—, con este concepto en mente Hall trata de administrar su tiempo de la misma manera en que administra el dinero de sus clientes: con mucho cuidado.

Hall organiza toda la semana y las horas que ésta incluye con precisión coreográfica. Los lunes y viernes programa las actividades y se prepara para poder enfocarse en los clientes los martes, miércoles y jueves. El ejecutivo sabe que las horas de mayor enfoque comienzan a las 10:00 a.m. y acaban al mediodía, por eso, comenta, "Pienso en el tiempo como si se tratara de bienes raíces. ¿Cuál es la propiedad más valiosa que tienes? No la regalarías así nada más, ¿verdad?" La semana se programa con el objetivo de que su tiempo más valioso, es decir, el bloque de seis horas que hay entre las 10:00 y las 12:00 de los martes, miércoles y jueves, coincida con el trabajo que realiza para fomentar las relaciones más importantes de la empresa. "Eso es lo que nos prepara para el éxito", comenta.

Después de estas horas pico de productividad al mediodía, sigue el almuerzo, el cual es colectivo y motiva a la gente a descansar y, a menudo, a seguir aprendiendo. "Con frecuencia hacemos el almuerzo en la oficina y vemos un video juntos para discutirlo", explica Hall. Vemos Pláticas de TED o alguien habla sobre algún libro que le parece inspirador. Después del almuerzo casi todos se sienten un poco adormilados, y por eso, aprovechamos las siguientes horas para actividades como redacción de comunicados para clientes u otro tipo de tareas que se pueden realizar sin que nadie te vea bostezar. El sofisticado ritual de la hora del té se lleva a cabo todos los días a las 3:30 p.m. Todos vamos al Starbucks que está a unas cuadras y, ya estando ahí, "Nadie bebe té en realidad", dice Hall. "El objetivo es levantarse, mover el cuerpo y salir un poco." Esto le permite a la gente enfocarse para el último jalón, que dura hasta las 5:30 p.m., más o menos.

Es un horario muy sostenible porque, a pesar del crecimiento de treinta y cinco por ciento al año en tiempos de una economía más bien a la baja, "nos permite mantener el equilibrio y sentirnos bien al volver a casa." Pero las cosas no siempre fueron así. Cuando Hall y Rick Hill, el otro cofundador, inauguraron Hill Investment Group en 2005, todo "era un caos". Las reuniones con los clientes se llevaban a cabo a cualquier hora y en cualquier lugar, y no había ningún tipo de ritmo. "Nos sentimos abrumados en algún momento", cuenta Hall. "Necesitábamos una estructura, pero no del tipo que apaga la creatividad y el espíritu, sino de la que permite hacer más."

Hall tiene una razón específica para llevar un control de su energía, ya que en 2007, a los treinta y tres, le diagnosticaron leucemia mieloide crónica (LMC), una especie de cáncer de sangre. El hecho de confrontar esta enfermedad siendo tan joven tuvo un efecto muy severo en el ejecutivo. "Estas situaciones te dan una perspectiva bastante clara de tu vida", explica. "En verdad adoptas una noción nítida de que el tiempo existe en cantidad limitada." Cuando Hall regresó a trabajar, Hill Investment Group reorganizó su calendario y cada semana se empezó a diseñar con el objetivo de que el trabajo en realidad fuera significativo y dejara tiempo para ser feliz en otros aspectos. "Si la persona o empresa con la que se pensaba establecer una relación no nos generaba cierta chispa o energía, preferíamos no tener juntas, hacer llamadas telefónicas ni planear para el futuro", dice Hall. "Somos muy quisquillosos, selectivos y serios en este aspecto."

Gracias a que ahora la LMC se puede tratar con medicamentos como Gleevec, Hall espera llevar una vida relativamente normal. Dicho de otra forma, su tiempo no será mucho más limitado que el nuestro; la diferencia radica en que él lo percibe con mayor claridad. A veces, los amigos que pasan junto a él y sus colegas camino al Starbucks y lo ven disfrutando del sol de la tarde, le hacen bromas. "Creo que la gente relaciona el trabajo efectivo con sentarse en una oficina y enterrarse bajo hojas de cálculo, pero nosotros no lo vemos de esa forma", comenta Hall. "Yo podría promover que hubiera muchísima actividad, pero eso no necesariamente significaría que se está haciendo algo real para ti o para mí." Hablamos solamente del ruido blanco del trabajo de oficina. Es mejor lograr que el trabajo sirva para llevar a cabo lo que en verdad importa.

¿Y qué tal si eso significa ver algunos videos de gatitos? Pues que así sea. La gente exitosa sabe que la productividad asombrosa, y particularmente la que se logra en los ámbitos creativos, exige diversión y movimiento. LeUyen Pham revisa tiendas de libros y blogs de arte. Podrías conseguir una credencial para ir a la biblioteca y sacar algo loco e inesperado de los anaqueles. Podrías visitar un museo de arte, leer periódicos profesionales relacionados con tu área de trabajo aunque no de manera directa; podrías darte una vuelta al Starbucks y conversar con gente fascinante. Si tu definición de trabajo incluye ver videos de la Academia Khan sobre ecuaciones diferenciales y robarle dinero a tu jefe, las actividades que mencioné podrían no parecer trabajo, pero si tu noción de trabajo se enfoca en los resultados, en saber que el día que se lleve a cabo tu comida de jubilación a nadie le preocupará si siempre tuviste la bandeja de correo electrónico vacía o no, entonces te parecerá que ir al museo o al Starbucks sí es parte de la actividad laboral.

DISCIPLINA 5

PRACTICA

Sarah Fisher ha pasado buena parte de su vida excediendo el límite de velocidad. Ella comenzó a correr profesionalmente carritos tipo *quarter midget* y karts cuando estaba en la primaria, y ganó su primer Gran Campeonato Nacional de la Asociación Mundial de Carreras de Karts cuando era una preadolescente. En 1999, el año que cumplió diecinueve, se convirtió en la competidora más joven de las 500 millas de Indianápolis. Para cuando se retiró, a finales de 2010, ya había participado en esa misma carrera nueve veces.

La disciplina que se requirió para mantenerse en forma para correr durante todos esos años fue "extenuante", dice Sarah entre risas. "¡Me da gusto ya no correr!" Después de pasar la primera media hora del día enfocada en atender los asuntos administrativos de lo que llegó a ser Sarah Fisher Hartman Racing, el equipo que fundó en 2008, la corredora ocupaba la siguiente hora y media o dos, para levantar pesas, correr y hacer ejercicios con el equipo de clavados de Estados Unidos, el cual también tenía sus instalaciones centrales en Indianápolis. Además de hacer todo ese ejercicio, Sarah se entrenaba mentalmente. "Nuestro deporte es tan rápido que debes tener una buena capacidad de reacción", explica. Por eso también tenía que trabajar en sus reflejos. Luego, después de comer, volvía a la tienda para llevar a cabo cualquiera de las actividades comerciales o de contabilidad necesarias para impulsar su pequeño negocio de veinticinco personas, pero también se enfocaba en otros aspectos para mejorar el desempeño. Con los autos de carreras "uno no puede sólo encender el motor y salir a dar una vuelta a la cuadra", dice. El costo de rentar instalaciones y correr para hacer una prueba promedio es de entre cincuenta mil y cien mil dólares diarios. Debido a lo anterior, Sarah entrenaba mucho en un simulador, hacía pruebas en un túnel de aire y estudiaba los datos generados por el auto de carreras. "La revisión de datos —cómo corre el auto, cómo se desliza, cuáles son los distintos tipos de cilindrada, etcétera— te permite hacer buenas reflexiones", comenta. Si logras descifrar la información, "entonces sabrás qué cosas hacer de manera distinta la siguiente vez."

A juzgar por su horario, se podría concluir que Sarah pasaba casi la mitad de su tiempo de corredora profesional, tratando de mejorar su calidad. Los músicos profesionales que he entrevistado a lo largo de los años desarrollan horarios similares. Aun cuando tengan que enfrentar el bombardeo del correo electrónico, la problemática de viajar y los desayunos con reporteros —programados por sus exigentes representantes de relaciones públicas—, los músicos siempre se sientan al piano, tocan el violín o cantan escalas durante horas todos los días. Resulta evidente que el viejo chiste de los turistas que en Manhattan le preguntan a un hombre que lleva consigo un estuche de violín, cómo llegar al Carnegie Hall, y reciben del músico la respuesta: "Practicando", tiene mucho de cierto.

La mayoría de la gente no tiene intención de tocar en el histórico recinto ni correr las 500 millas de Indianápolis, sin embargo, si lo piensas, tu trabajo es algo muy parecido a una presentación. Por lo tanto, si todos los días trataras de mejorar en las actividades relacionadas con tu empleo, podrías llevar tu carrera al siguiente nivel.

La práctica es, en pocas palabras, llevar a cabo o trabajar en algo de manera repetitiva con el objetivo de volverse más apto en ello. Todos hacemos cosas repetidas veces, pero rara vez tenemos el objetivo de ser mejores. A diferencia de Sarah Fisher, "manejamos casi todos los días pero rara vez nos volvemos más aptos", explica Doug Lemov, director de gerencia de Uncommon Schools, y coautor con Erica Woolway y Katie Yezzi, del libro *Practice Perfect*, el cual mencioné en la sección sobre planeación. "La economía está repleta de actividades de este tipo. Los mamógrafos mejoran cuando comienzan a trabajar, pero después del avance inicial, se duermen en sus laureles o, incluso, empeoran." Es común que esto también suceda con los maestros —y Lemov lo sabe bien porque ha entrenado a más de diez mil en el curso de los años—; con la gente que se dedica a las ventas pero llega a trabajar en automático; y con los investigadores científicos. "Piensa en el costo social y económico de que la gente no mejore en lo que hace; de que repita lo mismo todos los días pero no practique. Es casi nauseabundo."

En cualquier trabajo que involucre una habilidad, se puede practicar y, si tú quieres ser mejor y más eficiente en lo que haces, tal vez debas empezar a pensarlo de esta manera. El mejor tipo de práctica, a la que Anders Ericsson, Ralf Krampe y Clemens Tesch-Romer identificaron como la "práctica deliberada" en su famoso reporte para *Psychology Review* de 1993 sobre los horarios de los músicos de élite, es la que incluye comentarios inmediatos sobre el desempeño personal y un alto nivel de repetición para apuntalar habilidades específicas.

Pensemos en la escritura, por ejemplo, en donde la tinta roja tiene bastante mala reputación. Sin embargo, la verdad es que puedes mejorar tus textos si la alguien más critica tu prosa y luego vuelves a revisar el material tomando en cuenta las correcciones. Claro que ser criticado puede ser doloroso, pero es la única manera en que puedes aprender y mejorar. Con el paso del tiempo tú mismo puedes criticarte con preguntas como, "¿Qué es lo que trato de decir? ¿Mis argumentos son a favor o en contra? ¿Podría decir lo mismo con menos palabras?" Asimismo, estando en un aprieto, también podrías recibir ayuda de una máquina. En el ensayo intitulado "Structure" que escribió John McPhee para el periódico *New Yorker* el 14 de enero de 2013, el autor explica que él usa el comando "All" del programa de edición de textos Kedit para ver cuántas veces usó "las miríadas de palabras perfectamente aceptables que no deberían aparecer más de una ocasión en un texto." Son palabras como "eliminar" o "mejorar", las cuales McPhee, a su vez, sustituye para mejorar su prosa. Por otra parte, puedes llevar un blog o diario personal para incrementar el volumen de tus escritos. Entre mayor volumen te exijas a ti mismo, más eficiente te volverás. En los tres años que escribí entre seis y siete publicaciones a la semana para mis distintos blogs, creo que aumenté al doble mi velocidad para redactar ensayos persuasivos de quinientas palabras. Las publicaciones de ahora tal vez no son perfectas, pero ciertamente, son mejores que las del día que por fin averigüé en qué parte de WordPress estaba el botón para "publicar".

También podemos pensar en la oratoria. Los mejores oradores no siempre son los más sociables. En realidad son personas que han practicado bastante y que pulen su material hasta el punto en que pueden anticipar ante qué reaccionará la gente, y cómo manejar esa reacción. Otras actividades que se pueden practicar son la negociación, el *telemarketing*, las reuniones —particularmente en las que sabes que el ambiente será hostil—, y cualquier evento que tenga que suceder en vivo y que no puedas repetir más adelante, según comenta Lemov. "Yo no podía imaginar ir a una revisión de desempeño y desaprovechar la oportunidad de practicar antes", cuenta el científico.

Si no estás seguro de cuáles habilidades puedes practicar, trata de hacer una encuesta entre tus colegas sobre las actividades que creen que importan más en su ámbito de trabajo. Comienza con la más mencionada. ¿Cuál es el nivel de excelencia para esa habilidad? ¿Cómo podrías practicar para ser más apto?

Los empleados de Hill Investment Group incorporan la práctica en sus actividades cotidianas por medio de una cultura de reflexión constante. "Si tuviéramos una junta contigo y estuvieras considerando contratarnos, después de la junta nos reuniríamos para preguntarnos, '¿Qué hicimos bien?' y '¿Qué necesitamos arreglar en la presentación de nuestra historia o mensaje? ¿Cómo podemos escuchar mejor o formular preguntas mejores?'", explica Hall. "Este tipo de discusión puede ser muy superficial si, culturalmente, el equipo no cuenta con el compromiso de tomarla como una oportunidad." Todo mundo está sujeto a la crítica, incluso Hall. "Lo que con frecuencia me sugieren es que sea más breve y conciso; que enuncie el tema a tratar y después les dé espacio a los demás para hablar. Que no me empeñe tanto en hacer que los otros vean las cosas desde mi perspectiva."

Lemov, Woolway y Yezzi recomiendan instituir ejercicios, es decir, simulaciones distorsionadas de la realidad, que te permitan enfocarte en una habilidad específica. Es lo mismo que hace el jugador de basquetbol en su práctica cada vez que intenta veinte tiros consecutivos de tres puntos. Si tienes que practicar para entrevistas en los medios, por ejemplo, podrías pedirle a algún amigo que te haga, una vez tras otra, las preguntas que esperas del reportero. De esa manera podrás memorizar tus respuestas y, una vez que lo hagas, practica cómo enunciarlas de manera casual y espontánea. Lemov señala que "La repetición te libera. Automatiza las cosas y le permite a tu mente concentrarse en aspectos más importantes", como sonreírle a la cámara de televisión cuando el anfitrión menciona tu nombre porque lo más seguro es que te acaben de enfocar. Si la próxima semana tu equipo tiene una reunión con un cliente inconforme, podrías hacer un simulacro de junta y entrenar a los presentadores haciéndoles las preguntas que posiblemente surjan. Yezzi sugiere, "aparta unos quince minutos en las juntas de personal para practicar." Incluso un poquito de tiempo basta para mejorar porque a la gente le encanta practicar. En cuanto instituyas esta costumbre, la gente querrá hacerlo más porque, en general, todos quieren mejorar en su trabajo; todos quieren comentarios y sugerencias sobre qué hacer con estos.

Grace Kang también se dio cuenta de esto. Ella abrió las *boutiques* Pink Olive de Nueva York después de haber pasado los primeros años de su carrera en las tiendas departamentales más importantes, incluyendo Bloomingdale's. "Estoy entrenada mentalmente para revisar mis ventas todos los lunes", dice. Con esa información en sus manos, puede mejorar su desempeño como curadora y experimentar con nuevas combinaciones de productos, como lo que sucedió cuando se dio cuenta de que los artículos de tapicería y decoración de interiores se vendían con rapidez, y amplió la zona que ocupaba esta sección. Grace también aparta tiempo para hablar por teléfono con sus diseñadores y compartir la información sobre "lo que funciona y lo que no". Lo curioso es, según la empresaria, que con frecuencia los diseñadores —quienes pueden vender por medio de distintos canales de distribución— no reciben comentarios de los clientes. "Para nuestros diseñadores es fundamental escuchar lo que piensan los demás", comenta. "Mi gerente y yo pasamos mucho tiempo educando al personal de diseño acerca de lo que sí vende. Si alguien del equipo hace algo bien, lo compartimos con los demás integrantes para que puedan reaccionar y crear algo especial para nosotros", cuenta. "Esta actividad exige tiempo pero las recompensas son enormes."

Es posible que no puedas dedicar medio día a mejorar tus habilidades y las de tu equipo, pero dada la enorme falta de inversión en esta disciplina, el hecho de que la práctica se convierta en una actividad cotidiana, "hará que la gente mejore en su trabajo", nos dice Lemov. "Y ésta es una ventaja competitiva fundamental."

DISCIPLINA 6

DEPOSITA

Yo colecciono revistas antiguas, y pude fomentar aún más este hábito cuando fundé PastPaper.com, una empresa con oficinas centrales en Gap, Pensilvania, cerca de Lancaster. PastPaper.com ofrece casi un millón de publicaciones que datan desde 1835. Por lo general la empresa me envía ediciones de *Good Housekeeping, Forbes* y revistas similares. Ahora que mucha gente está al tanto de mi fascinación por las revistas, algunos de mis editores también me envían publicaciones de forma electrónica desde sus propios archivos. Cada vez que abro una portada o me deslizo sobre los archivos escaneados, contemplo la historia a través de la gente que vivió en ese tiempo. Las ubicuas piezas de moda, vistas por medio de la mirada retrospectiva al desnudo me muestran lo mucho que ciertas cosas han cambiado.

Tomemos, por ejemplo, la forma en que la gente piensa acerca de su vida y la construye. En 1956 la revista Fortune presentó un artículo de Herrymon Maurer intitulado "Veinte minutos para tener una carrera". Maurer escribió: "Este mes de marzo de 1956 será el más frenético del año más importante para la contratación de estudiantes universitarios en la historia de los negocios en Estados Unidos. ...La gran mayoría de esta cosecha de más de 200 000 varones graduados se integrará al mundo laboral." (Como lo mencioné en una colaboración que escribí para Fortune.com sobre el artículo de Maurer, las mujeres obtuvieron 132 000 de los 379 600 títulos universitarios que se entregaron en 1956 en Estados Unidos, sin embargo, sus carreras al parecer no resultaban tan importantes.*

Los negocios estaban en ascenso; y Sears Roebuck contrataría quinientos hombres, GM quería reclutar a dos mil y GE iba por dos mil quinientos. Todo era muy emocionante pero había tensión en el aire porque, como escribió Maurer, el contacto esencial entre las empresas y los estudiantes sería una entrevista de veinte minutos. Los estudiantes debían entender que "para muchos de ellos, ese breve encuentro definiría sus carreras de por vida." Sí, el joven que planeaba trabajar para las grandes corporaciones debía "considerar que la oferta de trabajo podría convertirse en una carrera permanente." Naturalmente, "algunas empresas grandes contratarán varones que hayan salido dos o tres años antes de la universidad, y algunas cuantas los contrataran incluso hasta cinco años después. Sin embargo, todos deben apegarse a la política de ascensos desde el interior." Y por lo tanto, "Para la mayoría de hombres que aspiran a una carrera en los grandes negocios —y para la mayoría de las empresas que los contraten—, el año de titulación de la universidad será el año decisivo."

* http://management.fortune.cnn.com/2012/07/20/fortune-1956-20-minutes-to-a-career-or-not/

Pero no sucedió así. Los varones de la generación de 1956 se habrían retirado a finales de los noventa, pero casi ninguno de ellos lo habría hecho de las empresas que los contrataron cuarenta años antes porque, fundamentalmente, muchas de ellas ya no existían en la forma que se les conocía en 1956. La empresa acerera Jones & Laughlin, que reclutó en treinta y cinco universidades, se fusionó con Republic Steel en 1984 para formar LTV Steel, que luego se declaró en bancarrota en el 2000. Los sistemas ferroviarios de Pensilvania y Nueva York Central le dijeron a *Fortune* que estaban interesados en contratar a varones de la generación de 1956, pero para 1968 estos sistemas rivales ya se habían convertido en una sola empresa que también quebró en 1970. Más allá de la típica destrucción creativa del teórico Schumpeter, las corporaciones de Estados Unidos se fueron desencantando de la política de ascensos desde el interior exclusivamente. De 1995 a 2012 la firma de investigación Crist Kolder Associates calculó que treinta y nueve por ciento de los directores financieros, y veinte por ciento de los directores ejecutivos de las empresas de S&P 500 y Fortune 500, fueron contratados fuera de las corporaciones. A pesar de que esto significa que la mayoría todavía provenía del interior, Heidrick & Struggles calculó que entre los directores ejecutivos de Fortune 500 reclutados internamente, la antigüedad promedio en la empresa era de dieciséis años, pero como la edad promedio para estos nombramientos era de cincuenta años, en realidad los ejecutivos pasaban la primera parte de sus carreras en otros lugares. Tras décadas de despidos, los profesionales han reaccionado de manera racional y han desarrollado la disposición a cambiar de organización en busca de mejores oportunidades. De acuerdo con una encuesta reciente de Kelly Services, más de cuatro de cada diez trabajadores estadounidenses se consideran agentes independientes en lugar de hombres de corporación, como los denominó el otrora editor de *Fortune*, William Whyte.

Todo lo anterior significa que ya no basta con tener empleo: ahora uno debe permanecer susceptible de ser empleado. Y para eso es necesario hacer una revisión de ese espléndido concepto de *capital de carrera*. El capital de carrera es una manera muy conveniente de pensar en la suma total de la experiencia, conocimiento, contactos y rasgos de personalidad de uno mismo. Si tu capital de carrera es alto, puedes canjear tus cupones en cualquier momento para modificar tu situación, llevar tu carrera al siguiente nivel, o incluso para darte un descanso sin destruir tu capacidad de ganarte la vida. La gente exitosa desarrolla la disciplina de depositar en esta cuenta todos los días.

Los depósitos pueden tener distintas formas. Si practicar significa mejorar en las habilidades que actualmente tienes, entonces depósito implica averiguar qué habilidades y conocimientos necesitarás en el futuro. Cuando te topas con conceptos técnicos que no te son familiares o nuevos estilos de dibujo, ¿los escribes e investigas? En lo que se refiere a conferencias, ¿asistes a sesiones sobre temas que ya dominas o te aventuras a aprender algo nuevo? Y, para empezar, ¿asistes a eventos de desarrollo profesional? ¿Podrías tomar una clase sobre ese tema que tu jefe no deja de mencionar? ¿Te sería posible buscar un mentor que te ayude a averiguar qué habilidades y conceptos deberías aprender para triunfar en cinco, diez o veinte años?

Los depósitos también pueden consistir en la creación de un portafolio visible. Lo bueno sobre escribir o ilustrar libros es que están a la venta en el mercado y transmiten tus ideas y conceptos incluso cuando no estás presente. Es por esto que los expertos de todo tipo de campos (piensa en la medicina, la política o los negocios) escriben libros o artículos para publicaciones de la industria aunque, por supuesto, escribir no es la única manera de construir un portafolio. Cualquier tipo de evidencia tangible de lo que has hecho basta. Ya verás que esta tendencia a producir resultados visibles es una buena costumbre. Cuando desarrolles proyectos piensa en el objetivo de conseguir un resultado cuantificable o tangible. Una cosa es tener la idea de que tu programa para involucrar a los empleados en la tienda departamental que diriges hace más feliz a la gente, y una muy distinta, documentar que el porcentaje de deserción es trece por ciento menor al de tiendas similares. ¿Hay algo que podrías colocar en el pizarrón de boletines (o en una página de Pinterest) y decir, "Yo hice eso"? Si la respuesta es afirmativa, entonces estamos hablando de otro depósito importante en tu cuenta de capital de carrera.

Finalmente, la mejor manera de depositar consiste en construir una red de gente que te sea leal. Uno de los aspectos más difíciles de perder un empleo es darse cuenta de cuánta gente le era leal a tu organización o puesto, pero no a ti como persona. No obstante, si desarrollas la disciplina de depositar en este rubro, eso no tendría por qué suceder. La clave es darte cuenta de que, aunque en ocasiones es ineficiente, la gente también sirve para aprovechar el tiempo.

Sarah Fisher, la corredora de autos, comenzó la transición entre participar en carreras y ser dueña de un equipo en 2008, y luego se retiró de las competencias en 2008. Ahora que es propietaria de tiempo completo, aplica en su actividad empresarial todo lo que aprendió en la pista. Sarah dice que el de las carreras es un "deporte tipo montaña rusa" porque tiene altibajos muy severos. Un día vas ganando y al siguiente te encuentras contemplando los aterradores restos del auto de un amigo.

Esta sensación de la inestabilidad de la victoria condujo a Sarah a enfocarse en el aspecto humano de su trabajo que, considera, le da una ventaja competitiva. Cuando la entrevisté para mi blog sobre liderazgo en *MoneyWatch* de CBS, me dijo, "Cuidamos de las familias de nuestros corredores y de las de los integrantes del equipo, por eso nos damos tiempo para tener conversaciones de cinco o diez minutos. Siempre que aparece un empleado lo saludamos y pasamos algunos minutos con él".*

Esto no siempre es sencillo porque como ella es la imagen de la empresa ante el público tiene que realizar numerosas presentaciones y reunirse con los patrocinadores, quienes son clave para el financiamiento de un deporte en extremo costoso. Sin embargo, la corredora se da cuenta de que "está bien involucrarse cinco minutos". Comportarse con brusquedad ante una interrupción sólo quemará capital y probablemente no servirá para ahorrar mucho tiempo a la larga. Por otra parte, prestarle atención a una persona y enfocarte por completo en ella sirve para hacer un depósito más a tu cuenta de capital de carrera.

Ahora que vivimos en un mundo en que la gente ya no conserva el mismo empleo toda la vida, es también muy importante darse tiempo para convivir con gente externa a tu organización.

---

* http://www.cbsnews.com/8301-505125_162-57562346/building-community-is-a-smart-use-of-time/

A las carreras las sustentan los admiradores, por eso Sarah Fisher Hartman Racing (SFHR) tiene tanta presteza en el manejo de redes sociales; cuando escribí sobre la filosofía de la corredora respecto a darse tiempo para los integrantes del equipo, SFHR tuiteó la liga antes de que yo pudiera hacerlo. SFHR se está extendiendo actualmente a unas instalaciones nuevas de treinta y ocho mil metros cuadrados en Speedway, Indiana —hogar del Circuito de Indianápolis—, en buena medida para atraer a los fanáticos y todo lo que esto implica, a las oficinas de la empresa. "*Queremos* ser parte de la interacción con los seguidores y mostrar nuestro equipo de verdad", me dijo Fisher. "Creemos que eso nos diferenciará un poco de nuestra competencia." Esta accesibilidad es la que te puede convertir en el favorito de los fanáticos. "Esta acción incrementa nuestra publicidad y amplía el alcance de la organización."

Esta última es una buena frase para recordar. ¿Qué has hecho hoy para aumentar la publicidad y ampliar el alcance de tu organización? Cualquiera puede ponerse en contacto, lo cual es útil en el aspecto profesional de manera inmediata, pero el verdadero capital de carrera proviene de invitar a comer y compartir tus contactos con alguien a quien acaban de despedir de un empleo que le encantaba. Estos son los momentos que en realidad importan, así que si tienes la tendencia a desdeñar esta actividad cotidiana porque tu vida es demasiado ocupada, quizá te convendría hacer una lista del mismo tipo que harías para una cuenta de cheques. En un cuadernito o en un archivo privado, anota todas las interacciones que dejaron de ser triviales y se tornaron significativas, cualquier evidencia de que compartiste tus habilidades con el universo; cualquier trocito de experiencia o conocimiento nuevo que hayas adquirido. Uno nunca sabe cuándo va a necesitar su capital de carrera, y tal vez jamás se entere, pero, de la misma forma que sucede con los seguros de vida, definitivamente es mejor tener uno que ninguno.

DISCIPLINA 7

DATE GUSTO

Yo estoy enamorada de los artículos de revistas viejas, pero Cary Hatch está igual de enamorada de la otra mitad, que son los anuncios editoriales. Cary es dueña de MDB Communications, una agencia de publicidad con base en Washington D.C. Cualquier persona que pase a visitarla escuchará de repente en su cabeza temas musicales publicitarios clásicos porque, como ella misma dice, "Tengo como… ciento veinte o ciento treinta iconos de publicidad colgados en mi oficina… Me rodean Snap, Crackle and Pop, el conejo Trix y todo este tipo de símbolos." Hatch mira alrededor y los agita. "Tengo el Noid de Evita el Noid, es un individuo de tres metros de altura, inclinado sobre mí. También tengo el de Fruti Lupis, distintos tipos de imágenes de cerveza, Mr. Peanut, el monstruo de Monster.com, el pato Aflac, Maestro limpio y Ronald McDonald." La publicista explica que "el poder de construir una marca consiste en desarrollar un vínculo emocional con tu público. Hay muchas maneras de personificar una marca. Tenemos, por ejemplo, al reptil gecko de GEICO. A Cary le fascina este concepto a tal punto que tiene un Big Boy gigante en el vestíbulo. "Es divertido desde la perspectiva visual y anima a todos los que pasan por aquí", explica.

Pero lo que realmente anima a la publicista es que le encanta su trabajo por sí mismo. Se deleita al pensar en una campaña de publicidad o en la personificación de una marca, y al ver a su equipo reunirse para darle forma al producto. Mientras trabaja en el restirador, me dice, "A veces pienso que sólo estoy haciendo anuncios, ¡y que me van a pagar por ello!" A Cary siempre le ha agradado ayudar a la gente a abogar por distintas causas. Es una pasión que recuerda tener desde que era presidenta del Club de la preparatoria y porrista en la preparatoria y la universidad. "Recibir una remuneración por algo que me fascinaba fue una epifanía tremenda para mí", comenta. Eso es lo que le permite pasar tantas horas trabajando; lo que hace que no le haya importado en una ocasión andar por ahí con los archivos de un nuevo cliente en su bolso por dos días porque no podían coincidir en las llamadas telefónicas y ella no estaba segura de que podría sacar las notas de su teléfono de manera conveniente cuando por fin lograran conectarse. Y como ella misma lo expresa, "Ni siquiera me imagino teniendo fines de semana."

La gente exitosa que sabe bien de qué forma utiliza sus horas laborales tiene esta visión clave que incluye divertirse en el trabajo. Pero no todos lo hacen, y por eso a veces escuchamos anécdotas sobre lugares maravillosos en donde el exceso de trabajo opaca las ventajas de los chocolates M&M gratuitos y el gimnasio para empleados; o sencillamente oímos a muchos cascarrabias gritar: "¡Claro que no te va a gustar! ¡Es trabajo!" La gente exitosa sabe que con pasar tus entre cuarenta y sesenta horas de trabajo semanales haciendo algo que no enriquece tu espíritu, no ganas nada, pero también, que el espíritu se anima con acciones muy particulares.

Estamos descubriendo que la productividad es una función del gozo. Es decir, la alegría no proviene de los M&M que regalan en la oficina, sino de los avances que haces hacia las metas que te importan. Para el libro *The Progress Principle* publicado en 2012, Teresa Amabile de la Escuela de Negocios de Harvard y Steven Kramer, psicólogo del desarrollo, analizaron casi doce mil entradas en bitácoras que llevaron los equipos de siete organizaciones distintas. Los investigadores descubrieron que "la vida interior de trabajo" —aquella que se define como las percepciones, emociones y motivaciones que expresa la gente en sus jornadas laborales— es buena. "La gente está más dispuesta a prestarle atención al trabajo mismo, a involucrarse profundamente en el proyecto de su equipo y a aferrarse al objetivo de llevar a cabo una gran labor. Pero si la vida interior del trabajo es mala, la gente corre mayor riesgo de distraerse... de desvincularse de los proyectos del equipo y de renunciar al cumplimiento de las metas que se marcaron." ¿Pero qué es lo que produce una buena vida interior de trabajo? Al analizar las bitácoras, las cuales incluían calificaciones del estado de ánimo y motivación de cada empleado, Amabile y Kramer descubrieron que a los mejores días los distinguía el progreso: setenta y seis por ciento de las entradas de los días más felices incluían ganancias, logros, avances en proyectos y concreción de objetivos. Este progreso tenía más probabilidades de evidenciarse en los días buenos, los cuales, curiosamente, no necesariamente eran en los que se recibía motivación por parte del jefe. En los peores días era más probable encontrar obstáculos al progreso que, incluso, el obvio veneno que emana cuando un colega emite un insulto. Amabile y Kramer explican, "los avances en el trabajo verdaderamente significativo iluminan la vida interior del trabajo y estimulan el desempeño a largo plazo. El progreso real detona emociones positivas como satisfacción, gusto e incluso alegría."

Esta noción del progreso, como el que se puede ver en una linda historia que está a punto de completarse, es lo que hace que ilustrar libros sea tan satisfactorio. También se puede ver el progreso en los anuncios que levantan el perfil de una organización a la que admiras. "Tenemos un proyecto con el Museo Internacional del Espía", dice Cary Hatch. "Se trata de cincuenta años de villanos de Bond. ¿A quién no le fascinaría trabajar en una campaña para el Museo del Espía?" Sin embargo, además de este tipo de proyecto tan evidentemente divertido, hay muchas cosas más que se pueden hacer para lograr un estado de ánimo que haga que el gozo y la productividad sean posibles. Amabile y Kramer citan algunas entradas casi de éxtasis de un equipo de *software* al que se le pidió que, en un fin de semana feriado, reuniera la información necesaria para que su organización pudiera entablar una demanda. Marsha escribió, "Hoy todo el personal de la oficina volvió a trabajar como un equipo de verdad. Fue maravilloso. Olvidamos la estresante situación actual y trabajamos día y noche para terminar un proyecto importante. Llevo quince horas aquí, ¡¡pero ha sido uno de los mejores días que he tenido en meses!!" Lo único que importa, tal como lo evidencian esos signos de exclamación dobles, es que el progreso se hace hacia una meta que te importa.

Idealmente tu trabajo tiene que prestarse de forma natural a este tipo de progreso. Tú te haces tiempo para trabajar de forma bien enfocada en lugar de divagar y correr el riesgo de que te interrumpan con facilidad; ves los resultados de dar un paso tras otros; sientes el éxtasis que produce ese instante en que te das cuenta de que es posible tener éxito en una tarea difícil. Es el instante en que las evidencias se hacen lógicas, cuando el alumno comprende la belleza de la novela que estás explicando o cuando una entrevista en la que se construye una tesis te hace querer saltar como niño.

Si llevas algún tiempo sin sentirte de esta manera, entonces tal vez haya llegado el momento de tomarte algunas horas de descanso y tratar de recordar cuándo fue la última vez que encontraste ese tipo de placer en tu trabajo. Piensa qué puedes hacer para recrear las condiciones. Debe haber algunas maneras de convertir el empleo que tienes en el que de verdad deseas, aunque sea por unas horas más al día; en particular si te agrada la gente y los valores de la empresa. Recuerda que las pequeñas modificaciones se pueden ir sumando con el tiempo; por eso la gente exitosa revisa constantemente sus días para ponderar qué les brinda placer y qué no; luego encuentran la forma de pasar más horas procurándose bienestar y dándose gusto, y menos horas haciendo lo que no les interesa. Porque si bien las horas laborales a veces parecen prolongarse, finalmente no son infinitas, como tampoco lo es la vida. La disciplina cotidiana de buscar de forma activa la alegría es lo que hace que la productividad asombrosa sea posible porque nos ayuda a que el trabajo deje de parecer una carga y, como dice LeUyen Pham, se convierta en una actividad "real, realmente adorable".

APÉNDICE

MAÑANAS NUEVAS, VIDAS NUEVAS

Espero que haber leído acerca de la forma en que la gente exitosa maneja su tiempo te haya resultado inspirador, sin embargo, es posible que a estas alturas tengas preguntas prácticas como: ¿estas estrategias en realidad funcionan en la vida real?

En enero de 2013, a la gente que había descargado de mi sitio, LauraVanderkam.com, el formato para hacer bitácoras, le pregunté si estaba interesada en que les hiciera una renovación de sus horarios. Varios cientos de personas me respondieron afirmativamente y, a partir de entonces, les pedí que me enviaran el registro de toda una semana de distribución de su tiempo: cuántas horas trabajaban, dormían, hacían los quehaceres, jugaban con sus hijos, veían televisión, etcétera. Les pregunté qué les agradaba de sus horarios, a qué actividades querían invertirles más tiempo y qué otras actividades les gustaría eliminar. Hicimos lluvia de ideas juntos para presentar algunas soluciones y nos enfocamos particularmente en la forma en que se podrían programar las mañanas para que las bitácoras mejoraran en general.

A continuación te presento las bitácoras de cuatro personas muy ocupadas, y las ideas que se nos ocurrieron para las rutinas matinales, así como otras modificaciones que servirían para incrementar la productividad durante todo el día.

Bitácora #1: Greg

Greg Moore es el pastor de la Iglesia Unida Metodista de Todos los Santos, en Raleigh, Carolina del Norte. La iglesia es nueva pero está creciendo con rapidez, y el pastor considera que el proceso es "vigorizante y agotador".

	LUNES	MARTES	MIÉRCOLES
5:00 A.M.	Dormí	Dormí	Dormí
5:30 A.M.			
6:00 A.M.			
6:30 A.M.	Me levanté, me duché, etc.		
7:00 A.M.	Les ayudé a los niños a prepararse	Me levanté, me duché, etc.	Me levanté, me duché, etc.
7:30 A.M.	Desayuné	Les ayudé a los niños a prepararse, desayuné	Les ayudé a los niños a repararse, desayuné
8:00 A.M.	Oración	Oración	Trayecto a la junta
8:30 A.M.	Correo electrónico	Correo electrónico	Reunión con el obispo
9:00 A.M.		Grupo de la Alianza	
9:30 A.M.			
10:00 A.M.		Preparación para la alabanza. Planeación para conferencia. Llamado	
10:30 A.M.	Aseo/lavandería	Planeación de la alabanza. Conferencia telefónica	
11:00 A.M.	Preparación para la junta		
11:30 A.M.		Trayecto para ir a almorzar con un colega	
12:00 P.M.		Almuerzo con Nathan	
12:30 P.M.	Trayecto a la reunión		
1:00 P.M.	Reunión con el equipo de planeación de la alabanza	Trayecto a la oficina	
1:30 P.M.		Escribí la homilía del miércoles de ceniza	
2:00 P.M.			

Al mismo tiempo que el pastor Moore ha estado promoviendo la expansión de la iglesia, su familia ha crecido también. Él y Molly, su esposa (Molly trabaja medio tiempo en análisis estadístico), tienen un niño de tres años y otro de uno. A principios de 2013, sus semanas lucían así:

JUEVES	VIERNES	SÁBADO	DOMINGO
Dormí	Dormí	Dormí	Dormí
			Me levanté, tomé una ducha, etc.
Me levanté, tomé una ducha, etc.		Desayuné	Preparé la alabanza
Les ayudé a los chicos a prepararse, Desayuno	Desayuno		
Oración		Jugué con los niños	
	Jugué con los niños		
Correo electrónico		Aseo/quehaceres	Trayecto a la iglesia
Escribí el sermón			Me preparé con los demás
	Hice mandados con mi hijo		
		Hice mandados	Dirigí la alabanza
		Salí de paseo con la familia	
	Ejercicio		
	Almuerzo con la familia	Almuerzo con la familia	Almuerzo con quienes dirigen la música
	Ida al museo con la familia	Aseo/quehaceres	
			Trayecto a casa

	LUNES	MARTES	MIÉRCOLES
2:30 P.M.		Fui a la oficina	
3:00 P.M.	Fui al gimnasio	Fui al gimnasio	Correo electrónico
3:30 P.M.	Ejercicio	Ejercicio	
4:00 P.M.			Planeación de la alabanza con Ray
4:30 P.M.	Trayecto para recoger a los chicos	Trayecto para recoger a los niños	
5:00 P.M.	Recogí a los niños	Recogí a los niños	
5:30 P.M.	Trayecto a casa	Trayecto a casa	Reunión con el personal directivo
6:00 P.M.	Me preparé para la cena	Dirigí la reunión con las misiones	
6:30 P.M.	Cené		Fui a casa
7:00 P.M.	Hora del baño de los niños		Hora del baño de los niños
7:30 P.M.	Leí con los niños y los acosté		Leí con los niños y los acosté
8:00 P.M.	Dirigí la reunión abierta al público		Pasé tiempo con Molly
8:30 P.M.		Dirigí la reunión abierta al público general	
9:00 P.M.	Vi televisión		
9:30 P.M.			Vi televisión
10:00 P.M.	Leí		
10:30 P.M.		Trayecto a casa	Leí
11:00 P.M.	Dormí	Dormí	
11:30 P.M.			Dormí
12:00 A.M.			
12:30 P.M.			
1:00 A.M.			
1:30 A.M.			
2:00 A.M.			
2:30 A.M.			
3:00 A.M.			
3:30 A.M.			
4:00 A.M.			
4:30 A.M.			

JUEVES	VIERNES	SÁBADO	DOMINGO
Visita con un feligrés		Correo electrónico	
		Tomamos fotografías familiares	
Trayecto al gimnasio	Trayecto a la reunión		
Ejercicio	Reunión para asesoría de negocios		Visita de los feligreses
Recogí a los chicos			
Trayecto a casa	Trayecto a casa	Comida fuera con la familia	Preparamos la cena
Preparamos la cena	Preparamos la cena		Cena
Cena con la familia	Cena con la familia	Trayecto a casa	
Hora del baño de los niños	Hora del baño de los niños	Hora del baño de los niños	Hora del baño de los niños
Les leí a los niños y los acosté	Le leí al bebé y lo acosté	Les leí a los niños y los acosté	Les leí a los niños y los acosté
Vi una película con Molly	Vi una película con el niño grande y Molly	Correo electrónico	Vimos televisión
		Vi televisión con Molly	
			Leí
	Acosté al niño grande		
Leí	Leí		
Dormí	Dormí	Dormí	Dormí

Al analizar la bitácora anterior me di cuenta de que el pastor Moore tenía varios hábitos buenos. Iba al gimnasio cuando podía ("Si no sudo en el día, empiezo a estresarme"), sin embargo, sus días se fragmentaban porque tenía que atender las crisis de los miembros de la iglesia. Con frecuencia debía dirigir reuniones por las noches y como, evidentemente, tenía que trabajar los fines de semana debido a su profesión, trataba de tomar los viernes para descansar; por eso se ve una visita al museo en viernes en la bitácora. A pesar de todo, el día que lo entrevisté tuvo que oficiar un funeral. De la misma manera que les sucede a los padres, los ministros religiosos no pueden disponer de todo su tiempo como quisieran. El pastor Moore apartaba varias horas de los jueves para escribir los sermones que daría los domingos, pero no encontraba tiempo para trabajar en el programa de preparación para matrimonio que estaba escribiendo, y mucho menos, para la tesis que quería terminar.

¿Qué tenía que hacer el pastor para encontrar tiempo para esas prioridades profesionales? Como les sucede a todos los padres de niños chiquitos, Moore y su esposa estaban demasiado cansados para cuando por fin podían acostar a sus niños, y por eso aprovechaban esa hora tardía de la noche para sólo ver televisión juntos. Pero aunque ésta puede ser una forma agradable de vincularse, no es divertida como cita amorosa. Le sugerí que tratara de salir con su esposa de manera regular para "almorzar en pareja" porque eso les funcionaba a ambos, y es que, al tener una cita inamovible en el calendario, ya no tenían que ver la televisión por la noche juntos para sentirse como una pareja. Asimismo, si el pastor disminuía el tiempo que veía televisión por la noche, podía irse a acostar temprano y eso le permitiría levantarse como a las 5:30 para escribir durante una hora completa antes de que se levantaran sus niños.

Le recomendé al pastor que llenara este espacio de escritura con el programa de preparación para el matrimonio porque era una labor sencilla para la que no necesitaba acceso a la biblioteca ni ayuda de otras personas. A medida que fuera progresando tendría más ímpetu para convertir en hábito este ritual de escritura. En cuanto el turno de trabajo a primera hora del día se transformara en rutina y el pastor terminara el programa de matrimonio, empezaría a trasladar el tiempo que ocupaba para escribir el sermón al espacio de las 5:30 a.m. casi todos los días. Luego, las horas que lograra apartar los jueves y que normalmente aprovechaba para redactar el sermón, las podría usar para escribir su tesis.

A Moore le gustaba la idea pero no estaba seguro de poder levantarse a tiempo. "No soy el tipo de persona que funciona bien en las mañanas", me explicó; y de pronto me encontré diciéndole al ministro: "Entonces vamos a sobornarnos." Me dijo que el aroma del café recién hecho tenía la maravillosa capacidad de sacarlo de la cama, por lo que se comprometió a fijar el temporizador de la cafetera del piso de abajo y a comprarse otra más pequeña para la recámara. De esa forma, cuando la alarma se activara, tendría el café ahí junto, humeando hasta sus fosas nasales, y podría tomar una taza incluso antes de bajar a la cocina. En cuanto estuviera despierto y con un café en la mano, lo más probable sería que se mantuviera despierto.

O no. El pastor, muy diligente, compró la cafetera para el piso de arriba, pero la primera mañana se quedó dormido. Lo volvió a intentar y luego me hizo un reporte de lo sucedido: "Tengo la mala costumbre de apagar la alarma antes de siquiera darme cuenta de lo que sucede, y de repente, cuando por fin abro los ojos a las 6:30, lo primero que veo es a mi hijo de tres años parado junto a mi cama." Entonces supimos que tenía que comenzar poco a poco porque levantarse muy temprano a escribir incluía, en realidad, tres hábitos: acostarse a tiempo, levantarse temprano y escribir. Eso significaba que, antes de fijarse cualquier meta relacionada con la escritura, tendría que enfocarse en los primeros dos hábitos.

Y esa actitud resultó ser la clave. A principios de marzo, cuando le di seguimiento a su caso, me comentó, "La semana pasada tuve un poco más de éxito." El pastor estaba acostándose más temprano para poder levantarse a las 5:30, lo cual logró hacer precisamente el día que me escribió. Pero al principio sólo se despertaba para establecer el hábito. "Descubrí que si tomo ese momento con amabilidad en lugar de esforzarme tiránicamente en trabajar sin descanso, de hecho me es más sencillo mantenerme despierto."

Bitácora #2: Darren

Darren Roesch es profesor asistente de la Universidad Baylor de Ciencia Dental de Dallas, Texas. Darren da clases de farmacología, fisiología y neurociencia, y se enfoca particularmente en la enseñanza y el aprendizaje. Cuando hablamos estaba trabajando para obtener su maestría en educación para profesionales de la salud dental; y como vivía cerca del trabajo podía caminar hasta allá y regresar a casa para almorzar. Su horario era el siguiente.

Darren me dijo, "En este momento estoy tratando de establecer una rutina para asegurarme de realizar todas mis labores esenciales." Las labores incluían dar clases, preparar las clases, hacer investigación educativa e investigación clínica, escribir, trabajar en el material de su maestría y otras similares. ¿Cuál era el problema? "No soy una persona de rutinas, prefiero dejar fluir la vida." Sin embargo, al ver todo lo que quería hacer, a este profesor le pareció que su estilo espontáneo ya no iba a funcionarle. A veces llegaba el final del día y no había logrado ningún avance hacia sus metas principales.

Le pregunté cuánto tiempo quería dedicarle a cada una de sus prioridades laborales, y me dijo que deseaba tener dos horas diarias para preparar clases y una hora para el trabajo de la maestría.

	LUNES	MARTES	MIÉRCOLES
5:00 A.M.	Me duché, saqué a los perros a pasear, desayuné	Me duché, saqué a los perros a pasear, desayuné	Me duché, saqué a los perros a pasear, desayuné
5:30 A.M.			
6:00 A.M.			
6:30 A.M.	Caminé a la oficina		
7:00 A.M.	Medité, tiempo de reflexión, escribí en mi diario	Medité, tiempo de reflexión, escribí en mi diario	Medité, tiempo de reflexión, escribí en mi diario
7:30 A.M.			
8:00 A.M.	Correo electrónico y lista de pendientes	Descanso, internet	Correo electrónico y lista de pendientes
8:30 A.M.		Preparé clases	
9:00 A.M.	Salí a dar una vuelta a la cuadra	Salí a dar una vuelta a la cuadra	
9:30 A.M.	Trabajé en asuntos de la maestría	Escritos académicos	Salí a dar una vuelta a la cuadra
10:00 A.M.			Preparé las clases
10:30 A.M.		Correo electrónico, internet	

Darren me dijo que no había podido proteger "el tiempo sagrado de escritura. Idealmente me gustaría tener dos bloques para escribir: uno para los escritos académicos y el otro para escritos que publicaré en internet o en mi blog. Me gustaría que cada bloque fuera de una hora." El profesor comenzaba el día con muy buenas intenciones y, de hecho, se levantaba temprano y comenzaba a trabajar muy temprano en su diario, sin embargo, "navego mucho en internet", confesó. "Muchos de mis prolongados descansos para tomar té o café los utilizo para navegar en la red y revisar mi correo electrónico." Darren quería sugerencias para controlar ese aspecto.

JUEVES	VIERNES	SÁBADO	DOMINGO
Ducha, etc.	Ducha, etc.	Dormí	Dormí
Caminé a la oficina	Descanso, internet		
Medité, tiempo de reflexión, escribí en mi diario			
	Medité, tiempo de reflexión, escribí en mi diario	Pasé tiempo con los perros	
Lista de pendientes y correo electrónico		Café y reflexión	
Descanso, internet	Lista de pendientes y correo electrónico		Saqué a pasear a los perros
Trabajé en la revisión del trabajo del sitio de internet			Café y reflexión
Preparé clases	Tareas cotidianas basadas en la lista de pendientes		
		Reunión de AA	
	Preparé clases		Ducha, etc.
Trabajé en asuntos de la maestría			Fui a la iglesia

En teoría, era posible hacer cuatro bloques de entre una y dos horas porque el profesor me dijo que no tenía hijos y no había nada que le impidiera trabajar hasta tarde. No obstante, si la gente comienza el día a las 5:00 a.m., por lo general le cuesta trabajo hacer trabajo intelectual intenso a las 7:00 p.m. También hay que cuidarse de hacer demasiadas actividades en un solo día (uno de los problemas que más he visto en las bitácoras empresariales es que incluyen siete horas de juntas al día. A veces surgen imprevistos, pero si ya tienes siete horas intensas comprometidas, no tendrás espacio para reaccionar ante los problemas ni para aprovechar las

	LUNES	MARTES	MIÉRCOLES
11:00 A.M.	Caminé a casa, saqué a pasear a los perros, almorcé, caminé de vuelta a la oficina	Caminé a casa, saqué a pasear a los perros, almorcé, caminé de vuelta a la oficina	Caminé a casa, saqué a pasear a los perros, almorcé, caminé de vuelta a la oficina
11:30 A.M.			
12:00 P.M.			Seminario del Departamento
12:30 P.M.	Llamadas telefónicas		
1:00 P.M.	Salí a dar una vuelta a la cuadra	Preparé clases	Conferencia de neurociencia
1:30 P.M.	Jugué en internet		
2:00 P.M.		Pensé y establecí metas	Salí a dar una vuelta a la cuadra
2:30 P.M.			Pensé y establecí metas
3:00 P.M.	Conferencia de neurociencia	Salí a dar una vuelta ala cuadra	
3:30 P.M.		Descanso para comer un bocadillo	
4:00 P.M.	Lista de pendientes de mantenimiento	Pensé y establecí metas	
4:30 P.M.	Escribí en mi diario		Caminé a casa
5:00 P.M.	Caminé a casa	Caminé a casa	Me relajé, leí, etc.
5:30 P.M.	Me relajé, leí, etc.	Me relajé, leí, etc.	
6:00 P.M.			
6:30 P.M.			
7:00 P.M.			
7:30 P.M.	Cena	Cena	Cena
8:00 P.M.	Me relajé, leí, etc.	Me relajé, leí, etc.	Me relajé, leí, etc.
8:30 P.M.			
9:00 P.M.			
9:30 P.M.			
10:00 P.M.	Dormí	Dormí	
10:30 P.M.			
11:00 P.M.			
11:30 P.M.			

JUEVES	VIERNES	SÁBADO	DOMINGO
Caminé a casa, saqué a pasear a los perros, almorcé, caminé de vuelta a la oficina	Caminé a casa, saqué a pasear a los perros, almorcé, caminé de vuelta a la oficina	Mandados	
	Seminario del Departamento	Reflexioné y escribí en mi diario	
Descanso, internet			
Conferencia telefónica	Pensé y establecí metas	Saqué a pasear a los perros	Reunión de AA
		Me corté el cabello	
			Mandados
Pensé y establecí metas			
		Quehaceres	
Escribí en mi diario	Planeé los objetivos de la siguiente semana		Reflexioné y escribí en mi diario
Caminé a casa y me relajé	Caminé a casa		Siesta
Leí	Me relajé, leí, etc.	Me relajé, leí, etc.	
			Me relajé, leí, etc.
	Cena fuera		Lista de pendientes de la semana, etc.
Cena			
Jugué en internet			Cena
Dormí	Dormí	Dormí	Dormí

	LUNES	MARTES	MIERCOLES
12:00 A.M.			
12:30 A.M.			
1:00 A.M.			
1:30 A.M.			
2:00 A.M.			
2:30 A.M.			
3:00 A.M.			
3:30 A.M.			
4:00 A.M.			
4:30 A.M.			

oportunidades. Tal vez lo mejor sería tratar de hacer cuatro bloques de una hora y ver cómo funciona.

Entre sus cuatro prioridades, el profesor señaló los escritos académicos como el mayor desafío, y la preparación de clases en segundo lugar. Como me quedaba claro que era una persona que se desarrollaba bien por las mañanas, le sugerí que se enfocara en el trabajo más arduo en cuanto se sentara a su escritorio en la oficina, ya que en se momento todavía estaba fresco.

Éste es el horario que diseñamos juntos:

7:00-8:00 escritos académicos

8:00-8:20 hacer una caminata breve, beber café y *no revisar el correo electrónico*

8:20-9:20 preparar clases

9:20-9:45 caminata breve, revisar el correo pero sólo contestar los mensajes urgentes

9:45-10:45 escritos para internet

JUEVES	VIERNES	SÁBADO	DOMINGO

El profesor solía almorzar temprano, por lo que salía de la oficina a las 11:00 y caminaba a su casa para sacar a los perros. Luego regresaba a la oficina en la tarde.

A menudo también tenía una especie de reunión a su regreso a la universidad, daba clases o veía a algunos de sus alumnos. Le sugerí que revisara su horario antes de que empezara la semana, y que identificara en qué momento de la tarde podía bloquear una hora para trabajar en la maestría. Si trabajaba hasta las 5:00 aproximadamente, entonces sólo tenía que resolver una hora de las cinco que hay entre las 12:00 y las 5:00. Eso le dejaría bastante tiempo para ponerse al día con lo que sucedía; y como para la hora del almuerzo ya habría trabajado en tres de sus cuatro prioridades, estaría más relajado y dispuesto a lidiar con las distracciones que se le presentaran.

Algunas semanas después, me comentó, "He estado usando el horario general. Escribo una hora, doy una vuelta a la cuadra, luego ocupo una hora más en la preparación de mis clases y tomo otro paseo. Sin embargo, un día, para la tercera hora de la mañana me di cuenta de que tenía que hacer una hora más de preparación de clases porque tenía una fecha límite para terminar el material que se repartiría en una serie de conferencias por venir." El profesor terminó el material para las conferencias, y esperaba volver a su horario como estaba planeado. No obstante, tenía dudas sobre si debía continuar invirtiéndole una hora a internet para mantener su presencia en la red, por lo que empezó a trabajar con un asesor profesional respecto a este asunto.

También disfrutaba de las caminatas que hacía en los descansos. "Descubrí que caminar me ayuda a aclarar la mente y, al parecer, incrementa mi productividad general." Asimismo, el hecho de que programara la escritura de asuntos académicos como primera actividad del día resultó muy estimulante: "Por fin pude entregar el manuscrito que tenía estancado y comenzar a trabajar en otro proyecto."

Por otra parte, le sugerí al profesor que escribiera en su diario al terminar el día, y no al principio, porque tenía la sospecha de que si comenzaba el día laboral con esta actividad tan agradable perdía intensidad para enfrentarse a los documentos académicos de su lista de trabajo. Darren no estaba muy seguro respecto a este asunto porque creía que si no comenzaba con esta tarea el día, corría el riesgo de pasarla por alto. Por eso se puso de acuerdo con su pareja para que ella sacara a pasear a los perros en la mañana, y él pudiera llegar más temprano a la oficina para escribir en el diario antes del inicio oficial de su nuevo horario de trabajo. A finales de la semana, sin embargo, me envió un correo electrónico en que confesaba, "Tal vez tenga que renunciar a la idea de escribir y reflexionar en mi diario antes de la escritura académica, y vuelva a las sugerencias que usted me hizo anteriormente. Hoy, después de que pasé un rato imbuido en la reflexión que tanto disfruto, me costó trabajo enfocarme en los asuntos académicos."

Y es que, en realidad, sí importa en qué nos enfocamos primero. El profesor Darren Roesch reconoció la importancia de contar con una rutina y me informó que, para proteger el tan productivo tiempo matinal, ya había empezado a negarse a programar reuniones desde temprano. "Creo que las caminatas y las modificaciones que le hice a mi horario me ayudan a conservar la energía y el ímpetu", comentó.

Bitácora #3: Jackie

Jackie Wernz es abogada y trabaja en un pequeño bufete de Chicago. Tiene un bebé de un año, y con Matt, su esposo —quien también es abogado—, se ha dado cuenta de que la suma de sus actividades como padres y sus dos empleos de "tiempo completo y un poco más", les ha dado como resultado una vida bastante agitada. Wernz lo describe así: "Ha sido un verdadero desafío encontrar el tiempo necesario para hacer las cosas que tanto me gustaban antes", y eso incluye hacer ejercicio, leer, ver a sus amigos e involucrarse con la comunidad de Chicago. Ésta es la bitácora de la abogada antes de que la modificáramos:

	LUNES	MARTES	MIÉRCOLES
5:00 A.M.	Dormí hasta las 6:30 (le di un biberón al bebé entre 5:30/6	Dormí hasta las 6:50 (Matt le dio un biberón al bebé entre 5:30/6)	Dormí hasta las 6:50 (Matt le dio un biberón al bebé entre 5:30/6)
5:30 A.M.			
6:00 A.M.			
6:30 A.M.	Dormí/me bañé		
7:00 A.M.	Me preparé/ Desperté al bebé	Me preparé hasta las 7:10	Me preparé hasta las 7:10
7:30 A.M.	Alimenté al bebé, desayuné con Matt y el bebé, envié correos electrónicos al trabajo para avisarles que el bebé estaba enfermo y que trabajaría desde casa	Internet hasta las 7:30	Visita con el bebé y Matt hasta las 7:20; trayecto al trabajo
8:00 A.M.	Trabajé desde casa (8 a.m. a 4:15 p.m.— facturé siete horas: dos horas para el desarrollo de mi propio negocio; ocho horas para trabajo en el desarrollo del negocio de un socio y 4.2 de trabajo para clientes/ mi cantidad mínima facturable), atendí al bebé y almorcé mientras no trabajaba (Matt estaba en casa porque se "reportó enfermo", por lo que se enfocó en las tareas más importantes de cuidado del bebé); 4:15-4:45 jugué con el bebé	Levanté al bebé, lo alimenté, preparé sus cosas para la niñera, escuché NPR y hablé con el bebé al respecto mientras hacía todo lo que acabo de mencionar	Trabajo
8:30 A.M.		8:15 salí a la oficina	
9:00 A.M.		Trabajo	
9:30 A.M.			
10:00 A.M.			

JUEVES	VIERNES	SÁBADO	DOMINGO
Dormí hasta las 6:20 (le di un biberón al bebé entre 5:30/6)	Dormí hasta las 6:20 (le di un biberón al bebé entre 5:30/6)	Dormí hasta las 7:30 (le di un biberón al bebé entre 5:30/6)	Dormí hasta las 7 (le di un biberón al bebé entre 5:30/6)
Me preparé hasta las 7:00	Me preparé hasta las 7:10		
Llevé al perro a la estética; trayecto al bufete	Trayecto al bufete, llegué a las 7:30		Levanté al bebé, le di de desayunar, me preparé para ir a la iglesia y preparé al bebé hasta las 8:15
Trabajo	Trabajo hasta las 4:15; trayecto a casa, llegué a las 4:30	Preparé el desayuno para Matt y para mí mientras Matt alimentaba al bebé; hicimos una visita, comimos juntos	
		Me preparé para salir de casa (15 minutos); di un paseo con Matt, el bebé y nuestro perro hasta las 9	A las 8:15 caminé a la iglesia con Matt y el bebé, nos detuvimos a beber café y desayunar en el camino
		Internet hasta las 9:15; salí para ir a la terapia, regresé a casa a las 10:30	Iglesia (hasta las 10), luego caminamos a casa (llegamos a las 10:15)
		De las 10:15 a las 11, internet (al mismo tiempo, entrené al bebé para que haga en su bacinica e hice una investigación sobre el lenguaje de señas para el bebé)	

	LUNES	MARTES	MIÉRCOLES
10:30 A.M.			
11:00 A.M.			
11:30 A.M.			
12:00 P.M.		Almuerzo con un abogado más joven interesado en derecho educativo	
12:30 P.M.			
1:00 P.M.		Trabajo. Tomé un taxi a casa (8:45-9 p.m.)	
1:30 P.M.			
2:00 P.M.			
2:30 P.M.			
3:00 P.M.			
3:30 P.M.			
4:00 P.M.			
4:30 P.M.	4:45-5:30 ejercicio		
5:00 P.M.			Trayecto a casa, dejé que el perro saliera un rato, me cambié de ropa

JUEVES	VIERNES	SÁBADO	DOMINGO
		Hice la lista de compras con Matt; desperté al bebé y le di un bocadillo	Me preparé para ir al gimnasio
			A las 11:15 salí al gimnasio
		Fui al supermercado con el bebé	Gimnasio
Almuerzo con las socias del bufete			
		Le di de comer al bebé y guardé los víveres	Almorcé con Matt y el bebé; jugué con el bebé
Trabajé hasta las 4:15; salí para recoger al perro de la estética; llegué a casa a las 5:00	Jugué con el bebé y vi con Matt el final del juego de beisbol		
		Internet	Ducha (15 minutos); trabajé en una publicación del blog para el trabajo
		Me preparé para ir al gimnasio/descargué programas de radio (hasta las 2:20)	
		Trayecto al gimnasio, ejercicio, trayecto de vuelta	
		Vi el final de una película	Jugué con el bebé
		Me duché, comí un bocadillo, entré a internet	Cita con una amiga y su bebé para que los niños jugaran
		Jugué con el bebé, le di de cenar, lo bañé, lo preparé para acostarlo, jugué y arreglé la ropa de su cuarto (hasta las 6:15)	
Jugué con el bebé, le di de cenar y lo preparé para acostarlo (baño	Visita con la niñera y juegos con el bebé; le di de cenar		

	LUNES	MARTES	MIÉRCOLES
5:30 P.M.	Preparé la cena y platiqué con Matt al mismo tiempo; mientras tanto él jugó con el bebé, y yo les envié mensajes a unas amigas		Le di de cenar al bebé, jugué con él (10 minutos. Hablé con mi madre por teléfono mientras jugaba)
6:00 P.M.	Preparé al bebé para la cena; rutina previa a acostarlo		
6:30 P.M.	Preparé la cena y escribí las tarjetas de agradecimiento para el primer cumpleaños del bebé		Preparé al bebé para acostarse; rutina previa, limpié la casa mientras Matt acostaba al bebé
7:00 P.M.			
		Baño en tina/leí una revista de modas	
7:30 P.M.	Ducha/terminé de cenar		Leí artículos en internet y hablé con Matt; cenamos juntos
8:00 P.M.	Cena con Matt		
8:30 P.M.			Vi dos programas de televisión con Matt al mismo tiempo que organizaba correos de trabajo y fotos del bebé para un álbum (hasta las 10:15)
9:00 P.M.	Vi un programa de televisión con Matt	Cenamos (Matt cocinó) y hablamos	
9:30 P.M.			
10:00 P.M.	Lectura por placer	Limpié la casa (15 minutos); leí por placer (30 minutos) luego me acosté	Lectura por placer (10:15-10)

JUEVES	VIERNES	SÁBADO	DOMINGO
	Trajeron a F., otro bebé con cuya madre me alternaré para cuidar a los bebés (su mamá salió esta vez), jugamos hasta las 6:30 y luego llegó Matt a casa		
		A las 6:15 vino una amiga a cenar, jugó con el bebé y lo acostó; me ayudó a preparar la cena mientras nos poníamos al día, cenamos; visita.	
Cena con una amiga	Acosté a F. y luego a nuestro bebé; planeé el baby-shower de mi amiga Gwen; compré los regalos por internet y platiqué con Matt mientras él preparaba la cena		Preparé la cena
			Cena con Matt
	¡Cita nocturna en casa! Rentamos una película y cenamos frente al televisor		
			Vi un programa de televisión de dos horas con Matt
		Vi un programa de televisión con Matt	
Visita con Matt; lectura por placer		Lectura por placer	

	LUNES	MARTES	MIÉRCOLES
10:30 P.M.	Dormí		Dormí
11:00 P.M.		Dormí	
11:30 P.M.			
12:00 A.M.			
12:30 A.M.			
1:00 A.M.			
1:30 A.M.			
2:00 A.M.			
2:30 A.M.			
3:30 A.M.			
4:00 A.M.			
4:30 A.M.			

Quedé impresionada con alguna de las creativas ideas que Jackie Wernz y su esposo habían tenido. El intercambio del viernes por la noche para cuidar a otro bebé y que luego cuidaran al de ellos, les daba a ambas familias la oportunidad de salir cada quince días sin tener que pagarle a una niñera; y como los bebés no necesitaban demasiada atención después de las 7:30, Jackie y su esposo podían tener una cita en casa aun cuando les tocaba cuidar al otro bebé. La abogada también se reunía con sus amigos el fin de semana e incluso tenía tiempo para asesorar a un abogado más joven y trabajar en equipo con las socias de su bufete.

Los abogados están acostumbrados a contabilizar sus horas de trabajo, sin embargo, Jackie también lleva un registro de cómo ocupa el demás tiempo, lo cual le ha ayudado a detectar todavía más oportunidades, particularmente en la mañana.

"Nuestro bebé se despierta entre las 5:00 y 6:00 de la mañana para beber un biberón", me contó. "Yo acostumbraba

JUEVES	VIERNES	SÁBADO	DOMINGO
	Conversé con la mamá del otro bebé cuando vino a recogerlo; me preparé para dormir	Dormí	Dormí
Dormí			

dárselo y luego 'volvía a la cama'",pero descubrí que en realidad ya no podía volver a conciliar el sueño." De hecho, "después de medio dormir y de que la alarma me interrumpiera a las 6:00, me sentía más atontada." Como Jackie no se levantaba sino hasta después de las 6:00, no tenía tiempo para arreglarse. "En el bufete me sentía fea y muy mal porque todos los días iba a trabajar con el cabello mojado en un chongo, sin maquillarme y con ropa que elegía sin gusto y a toda prisa", me explicó en un correo electrónico.

De acuerdo con la información de su bitácora, el único día que hizo ejercicio entre semana en aquella ocasión fue el lunes porque el bebé se enfermó y ella se quedó a trabajar en casa. Como ya no tuvo que transportarse, le dio tiempo de hacer los ejercicios de un video, sin embargo, eso no iba a suceder todos los días y, por lo tanto, quería encontrar otra manera de hacerse tiempo para ejercitar otros días aparte de los fines de semana que iba al gimnasio.

¿Cuál fue la solución? "Esta semana me he estado levantando a más tardar a las 6:00 para tener tiempo de arreglarme (peinado, maquillaje, ropa); y dos días, lunes y miércoles, me levanté a las 5:30 para ir al gimnasio. Terminando me arreglé y fui directamente al trabajo." Todas estas modificaciones están en vías de convertirse en rutina pero, según Jackie, "Creo que si logro mantener la rutina de la mañana e ir dos veces entre semana al gimnasio, voy a tener grandes avances."

En cuanto la abogada comenzó a levantarse sin haber interrumpido su sueño y a hacer a un lado las prisas, adquirió una nueva perspectiva de su tiempo. "Me sentí bien de 'ganar' unas cinco horas extras a la semana con tan sólo levantarme más temprano. En realidad no significó pasar menos tiempo con el bebé porque, de todas maneras, siempre salgo antes de que él se despierte; y además me sirvió para llevar a cabo algunas tareas más en la semana."

El hecho de contar con un poco de tiempo adicional le fue útil cuando el trabajo se incrementó, varias semanas después de que me enviara su bitácora. "Como estaba acostumbrada a levantarme a las 5:30, sólo empecé a llegar a la oficina a las 6:00 o 6:30 la mayoría de los días, y podía seguir saliendo

	JUEVES 1-31	VIERNES 2-1	SÁBADO 2-2
5:00 A.M.	Dormí	Dormí	Dormí
5:30 A.M.	Dormí	Dormí	Dormí
6:00 A.M.	Dormí	Se despertó el niño grande, fui por él a su cuarto	Dormí
6:30 A.M.	Dormí	Dormí	Dormí
7:00 A.M.	Desperté, abracé al niño de cubci	Dormí	Dorm
7:30 A.M.	Cociné/Di de desayunar	Me levanté, me lavé los dientes	Cociné/Di de desayunar
8:00 A.M.	Cociné/Di de desayunar	Cociné/Di de desayunar	Desayuné, hablé con una amiga
8:30 A.M	Desayunó, entré a internet, arreglé la casa	Cociné/Di de desayunar	Hice planeación de clases
9:00 A.M.	Jugué con los niños	Desayuné	Hice planeación de clases
9:30 A.M.	Me preparé para el día	Platiqué con mi madre	Planeé las vacaciones

a las 4:30 o 4:45 e ir a casa para tener algo de tiempo de calidad con mi hijo", me informó. Aunque su rutina de ejercicio no se llevaba a cabo todos los días, al menos podía realizar la otra actividad que no consideraba negociable en ningún aspecto: pasar tiempo con su bebé por la tarde. Eso evitó que la abogada cayera totalmente "en picada".

"En verdad fue muy, muy reconfortante ya no estar estresada en los momentos más difíciles", comentó. En este caso, aunque su horario no quedó exactamente como ella deseaba, el hecho de que su vida fuera más relajada contó como un éxito importante.

Bitácora#4: Jaime

Jaime Ake es una madre que se encarga del hogar y ella misma educa a sus hijos de dos y cinco años, también en su casa. Ésta era su bitácora:

DOMINGO 2-3	LUNES 2-4	MARTES 2-5	MIÉRCOLES 2-6
Dormí	Dormí	Permanecí despierta por el insomnio	Dormí
Dormí	Dormí	Dormí	Dormí
Dormí	Dormí	Dormí	Dormí
Dormí	Dormí	Dormí	Me levanté, me preparé
Me levanté, tomé una ducha	Dormí	Dormí	Desperté al niño de cinco para prepararlo
Preparé el desayuno	Me levanté, les di de desayunar a los chicos	Me levanté, me cepillé los dientes, hice estiramientos	Llevé al niño de cinco a la terapia
Empaqué para ir a SeaWorld	Me volví a acostar, ¡yupi! (Greg en casa)	Hice la cama, me lavé los dientes	En el trabajo de medio tiempo me enfoqué en el presupuesto
Ayudé a todos a prepararse	Dormí	Preparé el desayuno y lo serví	En el trabajo de medio tiempo me enfoqué en el presupuesto
Limpié la casa, subí las cosas al auto	Dormí	Comí/Lavé los platos/ Envié correos	Busqué información en internet sobre el lenguaje
Manejé hasta SeaWorld	Dormí	Escuchamos música/ Les leí cuentos a los niños	Busqué información en internet sobre el lenguaje

(continúa de la página anterior)

	JUEVES 1-31	VIERNES 2-1	SÁBADO 2-2
10:00 A.M.	Jugué con el niño de dos años	Limpié la casa	Greg se vistió/ Preparó
10:30 A.M.	Clases para el niño de cinco	Preparé a todos para ir al gimnasio	Karate con el niño de cinco
11:00 A.M.	Clases con los dos niños	Trayecto al gimnasio	Karate con el niño de cinco
11:30 A.M.	Preparé la cena	Hice ejercicio	Jugué con los niños
12:00 P.M.	Conversé con el terapeuta de lenguaje del niño de dos	Hice ejercicio	Hice planeación de clases
12:30 P.M.	Arrullé al niño de dos para que se durmiera, hice la lista para el supermercado	Salí a almorzar con los niños	Hice planeación de clases
1:00 P.M.	Internet/Leí las noticias	Trayecto a casa	Hice planeación de clases
1:30 P.M.	Siesta	Limpié la camioneta y tomé una ducha	Hice planeación de clases
2:00 P.M.	Siesta	Me relajé en el sofá con el niño de cinco	Hice planeación de clases
2:30 P.M.	Les di de comer a los niños/Almorcé	Jugué y leí con el niño de cinco	Preparé el lunch, lo serví y comí
3:00 P.M.	Jugué con los niños afuera	Hice pasta para pizza	Preparé los alimentos
4:30 P.M.	Jugué con los niños	Conversé con Greg	Fui rápidamente a la farmacia
5:00 P.M.	Comí y serví la cena	Cena familiar	Les di de cenar a los niños y jugamos
5:30 P.M.	Tiempo en familia	Cena familiar	Noche de juegos en familia
6:00 P.M.	Tiempo en familia/ Trapeé la cocina	Jugué con los niños	Noche de juegos en familia
6:30 P.M.	Baile familiar/ Limpiar casa	Baño/Cama/Pijamas para los niños	Aspiré/Rutina de noche de los niños
7:00 P.M.	Baño/Cama/Cuento	Le leí cuentos al niño de cinco	Vi la televisión con el niño de cinco
7:30 P.M.	Me duché	Doblé la ropa limpia	Vi televisión con el niño de cinco
8:00 P.M.	Planeé las actividades del viernes	Vi una película con Greg	Planeación de las vacaciones
8:30 P.M.	Planeación de las vacaciones	Película con Greg	Planeación de las vacaciones

DOMING 2-3	LUNES 2-4	MARTES 2-5	MIÉRCOLES 2-6
SeaWorld	Dormí	Música/Jugué con los niños y sus juguetes	Terapia ocupacional: lectura
SeaWorld	Dormí	Clases con el niño de cinco	Terapia ocupacional: lectura
SeaWorld	Jugué con los niños	Clases con el niño de cinco	Trayecto a casa
Sea World	Comí, limpié la casa, planeé el día	Tomé una ducha/ Me preparé/Me vestí	Les preparé un bocadillo a los niños
SeaWorld	Clases con el niño de cinco	Preparé el almuerzo para los niños	Ejercicio
SeaWorld	Clases con el niño de cinco	Preparé a todo mundo, subimos todo a la camioneta	Ejercicio
SeaWorld	Limpié y organicé	Trayecto y estancia en la biblioteca	Clases con el niño de cinco
SeaWorld	Limpié y organicé	Estancia en la biblioteca	Clases con el niño de cinco
SeaWorld	Preparé y les di a los niños un bocadillo	Compras del supermercado	Clases con el niño de cinco
SeaWorld	Comenzamos a cenar	Compras del supermercado	Jugué con el niño de dos
Regreso a casa de SeaWorld, bajamos todo de la camioneta	Limpié la casa	Fui con mi madre a la tienda Target	Les leí a los dos niños
Revisé mis correos electrónicos	Salí a caminar con los niños	Regresé a casa, bajamos las compras de la camioneta/Nos organizamos un poco	Me sentí enferma – vi televisión con los niños
Conversé con Greg y mi madre	Salí a caminar con los niños	Envié correos a amigos y a la gente de MIL	Me sentí enferma – vi televisión con los niños
Preparé/Serví la cena	Les leí a los niños	Preparé la cena	Me sentí enferma – vi televisión con los niños
Super Bowl con la familia	Cena familiar	Preparé y serví la cena	Preparé y serví la cena
Super Bowl con la familia	Noche de juegos en familia	Leí con los niños	Tiempo de lectura en familia
Super Bowl con la familia	Limpié	Limpié la casa	Limpié la casa
Baño de los niños/ Cuentos/Cama	Baño de los niños/ Cuentos/Cama	Baile familiar/Baño/ Hora de dormir para los niños	Baile familiar/Baño/ Hora de dormir para los niños
Planeación de clases	Televisión – The Bachelor	Doblé rompa limpia	Arrullé al niño de dos, le leí al de cinco
Planeación de clases	Televisión – The Bachelor	Salí con Greg	Le leí al niño de cinco
Cargué fotografías en la computadora y las edité	Televisión – The Bachelor	Televisión y planeación de programa educativo	Planeación de vacaciones
Cargué fotografías en la computadora y las edité	Televisión – The Bachelor	Televisión y planeación de programa educativo	Película con Greg

(continúa en la página siguiente)

(continúa de la página anterior

	JUEVES 1-31	VIERNES 2-1	SÁBADO 2-2
9:00 P.M.	Planeación de vacaciones	Planeación de vacaciones con Greg	Planeación de vacaciones
9:30 P.M.	Planeación de vacaciones	Planeación de vacaciones con Greg	Planeación de vacaciones
10:00 P.M.	Planeación de vacaciones	Baño	Me cepillé los dientes y me preparé para dormir
10:30 P.M.	Planeación de vacaciones	Dormí	Dormí
11:00 P.M.	Dormí	Dormí	Dormí
11:30 P.M.	Dormí	Dormí	Dormí
12:00 A.M.	Dormí	Dormí	Dormí
12:30 A.M.	Dormí	Dormí	Dormí
1:00 A.M.	Dormí	Dormí	Dormí
1:30 A.M.	Dormí	Dormí	Desperté porque tenía insomnio
2:00 A.M.	Dormí	Dormí	Dormí
2:30 A.M.	Dormí	Dormí	Dormí
3:00 A.M.	Desperté porque tenía insomnio	Desperté porque tenía insomnio	Dormí
3:30 A.M.	Desperté porque tenía insomnio	Dormí	Dormí
4:00 A.M.	Dormí	Dormí	Dormí
4:30 A.M.	Dormí	Dormí	Dormí

Le pregunté a Jaime en qué quería invertir más tiempo, me dijo lo que muchos padres quieren: "Quiero pasar más tiempo con mis dos niños, tanto en actividades educativas, como en juegos, lecturas, paseos, etcétera." Lo que más me sorprendió fue que Jaime ya pasaba todo el día en casa con sus hijos porque, como les daba clases ella misma, no tenía que separarse de ellos para enviarlos a al escuela. ¿Pero por qué creía que no pasaba suficiente tiempo con ellos?

Muchos padres se identifican con la respuesta a esta pregunta: "Cuando digo que quiero pasar más tiempo con mis hijos, me refiero a tiempo en el que no tengo que dividir mi atención.

DOMINGO 2-3	LUNES 2-4	MARTES 2-5	MIÉRCOLES 2-6
Salí con Greg, preparé bocadillos	Baño	Televisión y planeación de programa educativo	Planeación del día de mañana/Baño
Dormí	Dormí	Baño	Dormí
Dormí	Dormí	Dormí	Dormí
Dormí	Dormí	Dormí	Dormí
Dormí	Dormí	Dormí	Dormí
Dormí	Dormí	Dormí	Dormí
Dormí	Dormí	Dormí	Dormí
Dormí	Dormí	Dormí	Dormí
Dormí	Me desperté	Dormí	Dormí
Dormí	Dormí	Dormí	Dormí
Dormí	Dormí	Dormí	Dormí
Dormí	Dormí	Dormí	Dormí
Dormí	Dormí	Dormí	Me desperté porque tenía insomnio
Dormí	Dormí	Dormí	Me desperté porque tenía insomnio
Dormí	Dormí	Dormí	Dormí
Dormí	Dormí	Dormí	Dormí

Supongo que como nos quedamos en casa y los educo ahí, se puede decir que pasamos juntos las veinticuatro horas de los siete días de la semana, pero rara vez me puedo enfocar por completo en ellos. Realizo demasiadas tareas de forma simultánea y, con frecuencia, cuando el día llega a su fin me siento desilusionada porque no tuve tiempo suficiente para convivir con los niños porque no apagué el celular, cerré la *laptop*, apagué la televisión, dejé de meter y sacar ropa de la lavadora, o me dediqué a limpiar un desastre u otro. Pasar media hora seguida sentada jugando a los carritos es una tortura, pero cuando acaba el tiempo de juego me siento muy contenta de haber permanecido con mis hijos. Lo más normal, sin embargo, es que comience a impacientarme, y no me gusta ser así."

Lo que Jaime Ake descubrió fue que, al igual que sucede con las actividades laborales, el hecho de ser padres no significa que el tiempo que pasemos con nuestros hijos realmente estemos ahí de forma integral. Aunque en el trabajo es más sencillo notar si no estás presente porque, tarde o temprano, tu jefe se dará cuenta si sólo estás fingiendo, los objetivos para los padres y las madres son más abstractos y complejos que alcanzar cierta meta de ventas. Es por esto que es todavía más sencillo perderse en los equivalentes a la bandeja de correo electrónico que pueden surgir en el hogar: la televisión, el trabajo doméstico, perder el tiempo y, sí, valga la redundancia, el correo electrónico. Todas estas actividades pueden hacerte sentir productivo a corto plazo incluso si no tienes mucho por hacer en el panorama más amplio.

Por otra parte, como Jaime no tiene el ritmo que ofrece la educación tradicional, excepto por las citas con los terapeutas de los niños, sus días son más abiertos. Esto me hizo pensar que le beneficiaría adquirir una rutina más eficiente para la mañana. Me dijo que quería levantarse antes de que lo hicieran sus niños para revisar su correo electrónico y redes sociales, trabajar en otros proyectos (incluyendo el mantenimiento de la casa), y así no tener distracciones mientras estaba con ellos. "Como me despierto al mismo tiempo que los chicos, de inmediato me pongo alerta y no puedo permanecer tan serena y alegre como me gustaría", comentó. Noté que Jaime se acostaba temprano, así que le pregunté qué le impedía levantarse antes que los niños, a lo que me respondió, "En lo que se refiere a las mañanas, podría decir que el único impedimento es la flojera. Me encanta dormir, odio las mañanas, y como en realidad no hay grandes repercusiones si apago la alarma y me duermo otra vez, siempre lo hago. Pero luego despierto a las 7:30 y ya para ese momento voy atrasada."

Creo que jamás usaría la palabra "flojera" en la descripción de una madre de niños pequeños a los que educa en casa. Eso me hizo sospechar que no se levantaba cuando quería porque no tenía nada divertido que hacer de inmediato. Me daba la impresión de que los días de aquella madre se iban fundiendo el uno con el otro, y por eso pensé que además de organizar una nueva rutina matinal para ella, a su familia le convendría planear algo más allá que sus clases en el hogar. Le sugerí que hiciera una Lista de cien sueños, y que en ella incluyera todo lo que se le ocurriera. Su lista tendría que enfocarse en aventuras que pudiera correr con sus hijos, como las excursiones típicas a museos o a SeaWorld, o a actividades un poco más originales como comprar algo de cada color en un mercado de productores. Al analizar su semana podría elegir dos o tres aventuras para las mañanas; así podrían volver a casa, y entonces ella se enfocaría en la mayor carga de clases en la tarde mientras el niño más pequeño dormía. También podría tener aventuras individuales con cada niño si le pedía a su madre, quien por cierto, vivía con ellos, que cuidara al otro.

A Jaime le encantó la idea. Leyó todo sobre el concepto de la Lista de cien sueños en mi libro *168 horas*, y me dijo, "Comencé a hacer una lista para mí sola casi de inmediato, pero no se me ocurrió hacer una con las actividades que me gustaría hacer con los niños: ¡qué gran epifanía!" Jaime se había mudado a un nuevo estado poco meses antes y, "hay muchísimos lugares por explorar", me comentó.

Unas semanas después me puse en contacto con ella para verificar los avances, y la joven madre me dijo que se había metido de lleno a la nueva rutina. "¡Me siento mucho más feliz! El lunes, miércoles y viernes de la semana pasada me desperté a las 6:00; me preparé, llené una bolsa con emparedados, guardé lo necesario en la pañalera, y estuve lista antes de que siquiera despertaran los niños. Un día los llevé a comprar donas, ¡y para ellos fue casi tan emocionante como la Navidad!" Otro día Jaime llevó a uno de los niños al parque para alimentar a los patos, y otro, fue con su segundo hijo a ver una obra de teatro. "¿Y puedo ser honesta? ¡No fue difícil para nada!" Jaime me explicó: "No puedo creer que no haya comenzado a hacer todas estas actividades años antes. Para la noche del viernes, todos los buenos momentos de la semana superaban por mucho a los malos; además me ayudaron a sentirme mejor respecto a esos instantes en que no me consideraba una buena madre, y que antes siempre opacaban mi visión de la vida. Creo que planear todas esas actividades, levantarme temprano y aprestarme, me ayudaron a cambiar mi dinámica. Ahora me siento mucho más alegre y menos culpable. ¡ES MUY EMOCIONANTE!"

¿A ti no te gustaría sentir lo mismo respecto a tus días? Todos tenemos la misma cantidad de tiempo: 168 horas a la semana; pero lo que importa es qué hacemos con ellas. Si te enfocas en lo que sabes hacer mejor, obtendrás más satisfacción. Piensa que hay suficiente tiempo para llevar a cabo todo.

CÓMO HACER TU PROPIA RENOVACIÓN DE HORARIO

Aunque todos tenemos vidas distintas, a continuación te presentaré un proceso de ocho pasos que le puede servir a casi toda la gente para invertir más tiempo en las actividades que le importan, y menos en las que no.

1. **Lleva una bitácora de tu tiempo.** El primer paso para aprovechar mejor tu tiempo es identificar de qué manera lo usas ahora. Durante algunos días o, idealmente, una semana, escribe todo lo que haces con la mayor frecuencia posible. Imagina que eres un abogado y que tienes que facturar el tiempo que inviertes en distintos proyectos: trabajo (en sus distintas vertientes), sueño, viajes, quehaceres, tiempo familiar, televisión, etcétera. Al final de esta sección encontrarás un horario en blanco, pero también puedes descargar uno de mi sitio: http://lauravanderkam.com/books/168-hours/manage-your-time/. Asimismo, puedes escanear el código QR que se incluye al final de esta sección.
2. **Haz cuentas.** En cuanto tengas los datos duros, haz la suma de algunas de las categorías. ¿Qué te parece?

¿En cuáles inviertes demasiado tiempo o demasiado poco? ¿Qué te agrada más de tu bitácora? ¿Qué te gustaría modificar?

3. **Sé realista.** Reconoce que el tiempo es una pizarra en blanco. Puedes llenar las siguientes168 horas con algo, pero con qué, sólo dependerá de ti. En lugar de decir, "No tengo tiempo", di: "No es una prioridad". Piensa que cada hora de tu semana es una oportunidad de elegir y que, si bien es cierto que podría haber consecuencias espantosas dependiendo de tus elecciones, también podría haber lo contrario.
4. **Sueña en grande.** Pregúntate qué te gustaría hacer con tu tiempo. Comienza a hacer una Lista de cien sueños con tus metas personales, de viaje, profesionales, etcétera. ¿En que te gustaría invertir más tiempo? ¿Con qué actividades te gustaría llenar tu tiempo? Puedes hacer una lista maestra de sueños, o redactar una lista aparte para tu familia, es decir, las cosas que te gustaría que vivieran juntos. Revisa esta lista con frecuencia y guárdala en un sitio que te permita tenerla a la mano.
5. **Fija fechas límite para tus metas.** Escribe una revisión de desempeño, es decir, el reporte de trabajo que te gustaría entregarte a ti mismo cuando termine el próximo año. De tu Lista de cien sueños, ¿cuáles metas profesionales te gustaría haber alcanzado para entonces? Tómate algo de tiempo para escribir esta declaración hipotética de tus logros. En ella se puede incluir: terminar el borrador de una novela, montar una tienda Etsy y echarla a andar, conseguir dos clientes nuevos de

siete cifras para tu negocio u organizar una pequeña gala para reunir fondos en un museo pequeño. También puedes fijar fechas límite para tus objetivos personales más importantes; trata de escribir la "carta familiar" del próximo año: esa misiva que la gente les impone a sus amigos y familiares cada Navidad, en la que se destacan los logros de los pasados doce meses. ¿Qué te gustaría poder incluir en esa carta? Aparta aproximadamente una hora de tu semana para definir qué logros personales te gustaría tener, de los que incluiste en tu Lista de cien sueños, y realízalos este año. Podría ser correr tu primer maratón de diez kilómetros, unirte con tu familia al coro de la comunidad o viajar a Maine por una semana en el verano y comer langosta dos veces al día.

6. **Haz el desglose.** En cuanto tengas tu reporte de desempeño y tu carta familiar de fin de año listos, empieza a desglosar los objetivos para transformarlos en pasos fáciles de dar. Si no sabes cuál sería el primer paso, haz una "investigación". Por ejemplo, para correr tu primer maratón de diez kilómetros tal vez tengas que inscribirte a una carrera que se llevará a cabo en seis meses. Luego tendrás que comprometerte a programar tres o cuatro carreras de práctica a la semana para ir incrementando tu kilometraje. Otros pasos podrían ser comprar un buen par de zapatos deportivos, sacar de la biblioteca un libro sobre programas de entrenamiento, inscribirte en un gimnasio o encontrar buenas rutas para correr en la zona en que vives.

7. **Planea para planear.** Elige un momento cada semana para planear y revisar. En ese tiempo tienes que mirar tu calendario e ir haciendo bloques que te permitan alcanzar tus metas. ¿Qué días puedes hacer las prácticas para el maratón? Ponle fecha a esa visita a la biblioteca para sacar el libro *¿Cómo abrir una tienda Etsy para tontos*?
8. **Responsabilízate.** Es genial tener grandes sueños, pero si no haces espacio en tu vida para avanzar hacia tus metas, entonces sólo seguirán siendo sueños. Diseña un sistema de responsabilidad que te haga sentir incómodo si fracasas. Puedes recibir el apoyo de amigo, un grupo o una aplicación electrónica. Si tienes que correr los martes por la mañana pero ese día la temperatura es de menos cuatro grados afuera y tu cama parece mucho más atractiva, ¿qué es lo que te va a motivar para que te pongas los tenis y salgas a correr? Si logras responder esta pregunta, la renovación de tu horario tendrá buenos resultados.

50 CONSEJOS PARA ADMINISTRAR EL TIEMPO

1. La verdad puede ser ruda pero siempre nos libera. Si tienes tiempo para ver la televisión, entonces también lo tienes para leer. Si tienes tiempo para ver televisión, también tienes para hacer ejercicio. Si tienes tiempo para ver televisión, tienes tiempo para volver a involucrarte en los pasatiempos que abandonaste cuando diste por hecho que tu vida era demasiado agitada. En lugar de justificarte, sé honesto contigo mismo.
2. Comienza poco a poco. Hazte un hábito y luego avanza
3. Planea algo divertido para todos los días. La vida es mucho más agradable si tienes una razón para abandonar la cama por la mañana.
4. No pienses demasiado en la comida. Puedes comer sándwiches, los restos del día anterior, pizza congelada, huevos o ensalada. El objetivo de la comida familiar es reunirse, no que te luzcas como Julia Child. ¡Y ni siquiera tiene que ser la comida forzosamente! Los desayunos son sustitutos maravillosos para las familias que no pueden reunirse a comer.
5. El estadounidense promedio duerme más de ocho horas por noche, pero si crees que no duermes lo suficiente, además

de programar la alarma para despertar, prográmala para irte a acostar. Vivimos en un mundo en que la gente permanece conectada todo el tiempo, por lo que, para apagar los aparatos, se necesita tomar una decisión de forma consciente.

6. Averigua cuánto tiempo te toma hacer las cosas que normalmente haces en la vida. De esta manera podrás programar bloques adecuados de tiempo. Por ejemplo, si crees que transportarte te toma media hora porque un día que saliste a las 6:00 a.m. eso fue lo que contaste, pero por lo general sales a las 8:00 a.m., cuando el tráfico está mucho más cargado, entonces siempre vas a llegar tarde.
7. Si tienes sobre tus hombros una larga lista de proyectos de mantenimiento de vida, entonces elige sólo una actividad por semana. Escoge algo que puedas hacer de forma realista, para que luego sigas avanzando. Adelántate un poco y programa actividades para varias semanas por venir; luego, cuando te enojes porque los niños tienen que inscribirse en el campamento mientras tú pintas el baño, recordarás que esa actividad ya la programaste para otra semana, pero no para ésta.
8. Si te es posible, trata de negociar con tu jefe que te permita trabajar uno o dos días a la semana desde casa. Si no tienes que transportarte ni arreglarte para salir, ganarás, fácilmente, una hora. La colaboración cara a cara es importante, pero hacer eso cinco días a la semana puede ser una exageración.
9. Date cuenta de que ya luces suficientemente bien. La diferencia que hay entre una rutina de cuidado personal de

cuarenta y cinco minutos y una de media hora, es de más de media hora a la semana.

10. Dales a las cosas su justo valor. El tiempo que se pierde buscando zapatos y celulares de un modelo específico es, sencillamente, tiempo perdido.
11. Ten menos cosas. Tener más bienes nos obliga a perder tiempo, tanto por los ingresos que se necesitan tener para adquirirlos, como por las horas que se tienen que invertir en su cuidado y limpieza.
12. Toma siestas. Tal vez no te parezcan productivas, pero tomar una siesta breve cuando te sientes exhausto puede ayudarte a ser más eficiente en las horas subsecuentes a tu despertar.
13. Disminuye el estándar de limpieza del hogar. La casa va a volver a ensuciarse, pero tú jamás recuperarás una hora de tu tiempo. El lavado de la ropa siempre puede esperar un día o dos.
14. Realiza tus actividades más importantes en el tiempo que seas más productivo. Mucha gente es más productiva por la mañana, pero si tú trabajas mejor entre las 2:00 y las 3:00 p.m., protege esa hora a capa y espada.
15. Si te sientes confundido, pide ayuda. Ésta es, por lo general, la forma más rápida de resolver cualquier problema.
16. Date tiempo para practicar. Muy pocos invertimos tiempo en tratar de mejorar las habilidades que se relacionan con nuestro trabajo. La gente que sí lo hace tiene una ventaja competitiva bastante fuerte.
17. Haz menos mandados y diligencias. Si puedes ordenar las cosas por internet, hazlo. Verás que el costo de la gasolina

y, sobre todo, de tu tiempo, es mucho mayor que el de los gastos de envío. Además, créeme que sobrevivirás sin ese foco algunos días más.

18. El hecho de llamarle a una actividad "trabajo" no la hace más importante ni necesaria. Calcula el coste de oportunidad de todas las juntas recurrentes y de todos los demás compromisos. Recuerda que cualquier reunión tiene que ganarse un lugar en tu vida.
19. ¿Estás tratando de llevar tu carrera al siguiente nivel? Imagina que alcanzaste una meta importante y que en una revista se publicará un artículo sobre ti. ¿Qué se diría en él? Si visualizas la historia de cómo lograste alcanzar tu objetivo, te será más sencillo hacerlo realidad.
20. Aprovecha mejor el tiempo de las celebraciones. Para esto debes tener una conversación honesta con tu familia respecto a qué tradiciones y recetas tienes que atender con anticipación. Participen todos en las actividades en realidad gratificantes y sean más cuidadosos con las que no son tan valiosas.
21. Haz una cosa a la vez. Si tratas de revisar tu correo electrónico al mismo tiempo que escribes un ensayo, es posible que te tome quince minutos recobrar la concentración. Las actividades simultáneas te roban horas enteras. Enfócate hasta que termines y luego atiende lo que sigue. Por ejemplo, si tu trabajo te obliga a revisar el correo electrónico con frecuencia, hazte el habito de invertirle veinte minutos a tu bandeja de entrada, y luego mantenla cerrada por cuarenta. En cuarenta minutos de trabajo ininterrumpido puedes lograr bastante.

22. Práctica cómo decir "no". El hecho de que no acudas como voluntario a una actividad no significa que no sea importante. De hecho es posible que sea tan relevante que exija el tipo de atención que no puedes prestarle. Mejor sugiere a alguien que sí pueda hacerlo.
23. El empleo adecuado te puede infundir una energía asombrosa durante las 168 horas de la semana. Lo fundamental es encontrar algo que te guste tanto que te den ganas de hacerlo incluso sin cobrar. Sin embargo, si eso no es realista (piensa que es difícil creer que alguien haya diseñado, como por arte de magia, el trabajo perfecto para ti), enfócate en realizar las pequeñas modificaciones necesarias para que, con el paso del tiempo, el empleo que tienes ahora, se convierta en el que realmente te gusta tener.
24. Amplía tu alcance. Todos los días date tiempo para expandir tus redes de trabajo, aprender nuevas habilidades y compartir tus logros con el universo.
25. Celebra las victorias. Sí, ese logro es un buen pretexto para destapar una botella de buena champaña. Porque… ¿para qué estás reservando tanto tu energía o las burbujas?
26. Es bueno usar el tiempo en la gente. Date tiempo para saludar, sonreír y prestarle atención a los demás. La buena voluntad de alguien que está tratando de contarte algo importante, y a quien interrumpes por contestar tu celular, se puede desvanecer en dos segundos. Además, recuperarla te podría costar horas.
27. La administración a un nivel ínfimo resulta demasiado ineficiente. Es decir, si no puedes confiar en que la gente que trabaja para ti haga las cosas bien, entonces tienes que

atender el asunto de forma directa en vez de seguir pidiendo que te envíen copias de cada correo electrónico para verificar los avances tú mismo.

28. Cada vez que puedas, haz franjas de tiempo. Si necesitas tener dos juntas el mismo día, prográmalas consecutivamente. De esta forma minimizarás el tiempo ahorcado que queda entre las distintas actividades, y que es tan difícil de aprovechar.
29. Dicho lo anterior, si de todas formas siempre tienes fragmentos de este tipo en tu horario, trata de ver si puedes aprovecharlos como "ratitos de alegría". Haz dos listas de "ratitos de alegría": en una incluye las actividades que te encantan y que toman entre media hora y sesenta minutos, y en la segunda, las actividades que toman menos de diez minutos. De esta forma, si te encuentras con que de pronto tienes diez minutos libres entre llamadas telefónicas, puedes abrir www.poetryfoundation.org y leer algunos versos en lugar de volver a apretar (sí, una vez más) el botón con que se refresca la página de tu bandeja de correos.
30. Desconéctate. Si la sociedad no recibe tus opiniones por algunas cuantas horas, te aseguro que la Tierra no va a chocar contra el Sol. Establécete límites como: no usar el teléfono inteligente antes de las 7:30 a.m. ni después de las 10:00 p.m.
31. Evalúa lo que quieres cambiar. Si quieres leerles más a tus hijos, revisa con frecuencia y de manera específica esta categoría en tu horario. Al saber que tendrás que escribir el tiempo que le dediques a esta actividad, te sentirás más inclinado a tomar otro libro de cuentos y seguir leyendo.

32. Si definitivamente no te puedes concentrar, toma un descanso, pero que sea de verdad.
33. Sal a la calle. De acuerdo con un estudio de la UCLA sobre el aprovechamiento del tiempo, los adultos que pertenecen a familias de clase media con dos ingresos, pasan menos de quince minutos a la semana en sus patios realizando actividades recreativas. Los niños pasan ahí menos de cuarenta minutos. Entonces, ¿para qué compraste esa casa con patio y jardín si no los vas a aprovechar?
34. Si te das cuenta de que has programado muchas actividades deportivas e intelectuales para tus hijos, también trata de programar algunas para ti. Al igual que a los niños, a los adultos les viene bien hacer ejercicio y conocer gente nueva.
35. Busca maneras de mejorar la calidad del tiempo que pasas en el auto. Si tienes que transportarte una vez a la semana con tu cónyuge, puedes transformar ese tiempo perdido en una cita amorosa. Por otra parte, las grabaciones de libros infantiles pueden convertir el trayecto a la escuela o a la guardería en un tiempo de lectura familiar. La música de calidad es mucho más enriquecedora que las bromas de mal gusto de los locutores de radio amarillistas. Planea con anticipación tus recorridos y así los disfrutarás más.
36. El tiempo que se invierte en educar a los niños para que sean más independientes siempre es tiempo bien usado. Por supuesto que es mucho más rápido preparar uno mismo el almuerzo de un niño de cuarto grado… pero sólo la primera semana. Después de eso el niño o niña adquirirá velocidad y habilidad para lidiar con esta tarea y, finalmente, podría incluso empezar a incluir en la lista del supermercado las

cosas que se necesitan para preparar su almuerzo. Si uno les hace todo a los niños, les impide desarrollar su capacidad de pensar y planear.

37. Lo mismo sucede en el ámbito laboral. El tiempo que se invierte en entrenar a otras personas es una especie de "enganche" que nos permitirá liberar tiempo para otras actividades en el futuro.
38. Siempre ofrece ser quien realice la llamada. De esta manera te asegurarás de que se llevará a cabo a tiempo.
39. Si alguien te sugiere una reunión y ambos realmente desean verse, no contestes, "¿Qué te parece en algún momento de la próxima semana?" Mejor di, por ejemplo, "Vamos a vernos el martes a las 2:00 en el Starbucks que está en la esquina de la Calle 42, entre la Tercera y Lexington; si no te conviene, por favor sugiere otra hora y lugar." Esto te ahorrará, por lo menos, cuatro correos electrónicos de ida y vuelta.
40. Invierte tiempo en saborear tus recuerdos. Mirar el álbum fotográfico familiar es una excelente manera de recordar todo aquello que disfrutaste en el pasado y para lo que probablemente te gustaría hacerte tiempo en el futuro.
41. El fin de semana no termina sino hasta que suena la alarma el lunes por la mañana. Programa algo divertido para la noche del domingo y de esa manera prolongarás la diversión de tus días libres. La noche del domingo, por cierto, es un momento perfecto para dar fiestas porque nadie tiene planes.
42. Piensa más allá de las cenas de trabajo. Una carrera por el bosque como equipo puede levantarle el ánimo a cualquier organización. También recuerda que un cliente podría preferir desayunar contigo en lugar de renunciar a pasar la tarde

con su familia. O si ambos tienen niños, también podrían reunirse para convivir en una reunión más lúdica. No todos los eventos para hacer contactos de trabajo tienen que incluir alcohol y programarse en la noche. De hecho, en muchos casos te convendrá más que no sea así.

43. Tal vez puedas hacer más dinero, pero no puedes recuperar el tiempo. Si gastar unos cuantos billetes más para resolver un problema te permite disfrutar más, entonces ocupa el dinero con sabiduría.
44. Si ya planeaste algo divertido, hazlo incluso si te sientes cansado: recuerda que las actividades significativas y valiosas nos infunden energía.
45. Elige vivir una vida más plena. Si esa caída en tirolesa sobre el follaje del bosque tropical te suena aterradora, sólo recuerda que terminará en una hora y, después de eso, podrás contar la historia hasta que mueras de aburridas causas naturales.
46. Las grabadoras digitales no ahorran tiempo. Los minutos que puedas ahorrarte al saltar los comerciales se perderán en cuanto descubras tu capacidad para devorar programas que jamás te habrían interesado de no ser por las grabadoras digitales (sobre todo si trabajas de 9 a 5 y grabas programas de la mañana). Lo mejor que puedes hacer para ver televisión es elegir con sabiduría. Escoge unos cuantos programas que de verdad te gusten, define cuánto tiempo los verás y apaga la televisión cuando terminen. ¿Otra forma? Sólo ve televisión mientras hagas ejercicio. Así sí es recomendable que veas todos los programas que quieras: siempre y cuando estés dispuesto a quemar grasa en la elíptica al mismo tiempo.

47. Busca la forma de recortar los tiempos de transición. Si decides hacer algo, hazlo porque, de otra manera, puedes perder media hora o más mientras deambulas por la casa guardando cosas, distrayéndote y perdiendo fuerza antes de embarcarte en las acciones que decidas emprender.
48. Si hay una actividad en particular que te desagrada, programa un tiempo específico para hacerla. Aunque el hecho de saber que sacar los trastes del lavavajillas te toma seis minutos no te quitará de encima esta tarea, al menos sí servirá para que te parezca una carga menor.
49. Acoge las pequeñas tradiciones. Si decides que todos los jueves por la mañana prepararás hot cakes, además de que no tendrás que pensar en qué hacer para el desayuno, también fortalecerás los lazos familiares porque las tradiciones sirven para desarrollar actividades especiales en conjunto.
50. Escribe todo. Si tratas de recordar esa maravillosa idea que se te ocurrió, o que ya habías planeado recoger la ropa de la tintorería hoy, vas a desperdiciar tiempo, y ya sabes que hay cosas mucho más importantes en qué ocuparlo.

Para descargar una hoja gratuita de 168 horas para llevar un registro de tu tiempo, escanea este código con tu celular.

	LUNES	MARTES	MIÉRCOLES
5:00 A.M.			
5:30 A.M.			
6:00 A.M.			
6:30 A.M.			
7:00 A.M.			
7:30 A.M.			
8:00 A.M.			
8:30 A.M.			
9:00 A.M.			
9:30 A.M.			
10:00 A.M.			
10:30 A.M.			
11:00 A.M.			
11:30 A.M.			
12:00 P.M.			
12:30 P.M.			
1:00 P.M.			
1:30 P.M.			
2:00 P.M.			
2:30 P.M.			
3:00 P.M.			
3:30 P.M.			
4:00 P.M.			
4:30 P.M.			
5:00 P.M.			
5:30 P.M.			
6:00 P.M.			
6:30 P.M.			
7:00 P.M.			
7:30 P.M.			
8:00 P.M.			
8:30 P.M.			
9:00 P.M.			
9:30 P.M.			

JUEVES	VIERNES	SÁBADO	DOMINGO

	LUNES	MARTES	MIÉRCOLES
10:00 P.M.			
10:30 P.M.			
11:00 P.M.			
11:30 P.M.			
12:00 A.M.			
12:30 A.M.			
1:00 A.M.			
1:30 A.M.			
2:00 A.M.			
2:30 A.M.			
3:00 A.M.			
3:30 A.M.			
4:00 A.M.			
4:30 A.M.			

JUEVES	VIERNES	SÁBADO	DOMINGO

Qué hace la gente exitosa antes del desayuno de Laura Vanderkam
se terminó de imprimir en julio de 2023
en los talleres de
Impresora Tauro, S.A. de C.V.
Av. Año de Juárez 343, col. Granjas San Antonio,
Ciudad de México, México.